教養としてのミイラ図鑑

世界一奇妙な「永遠の命」

［編著］
ミイラ学プロジェクト

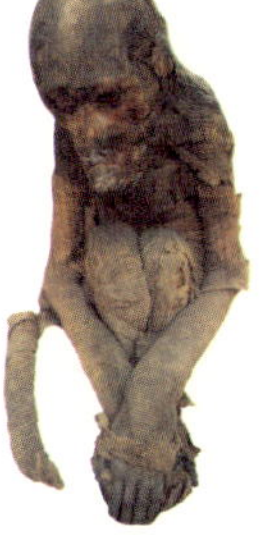

KKベストセラーズ

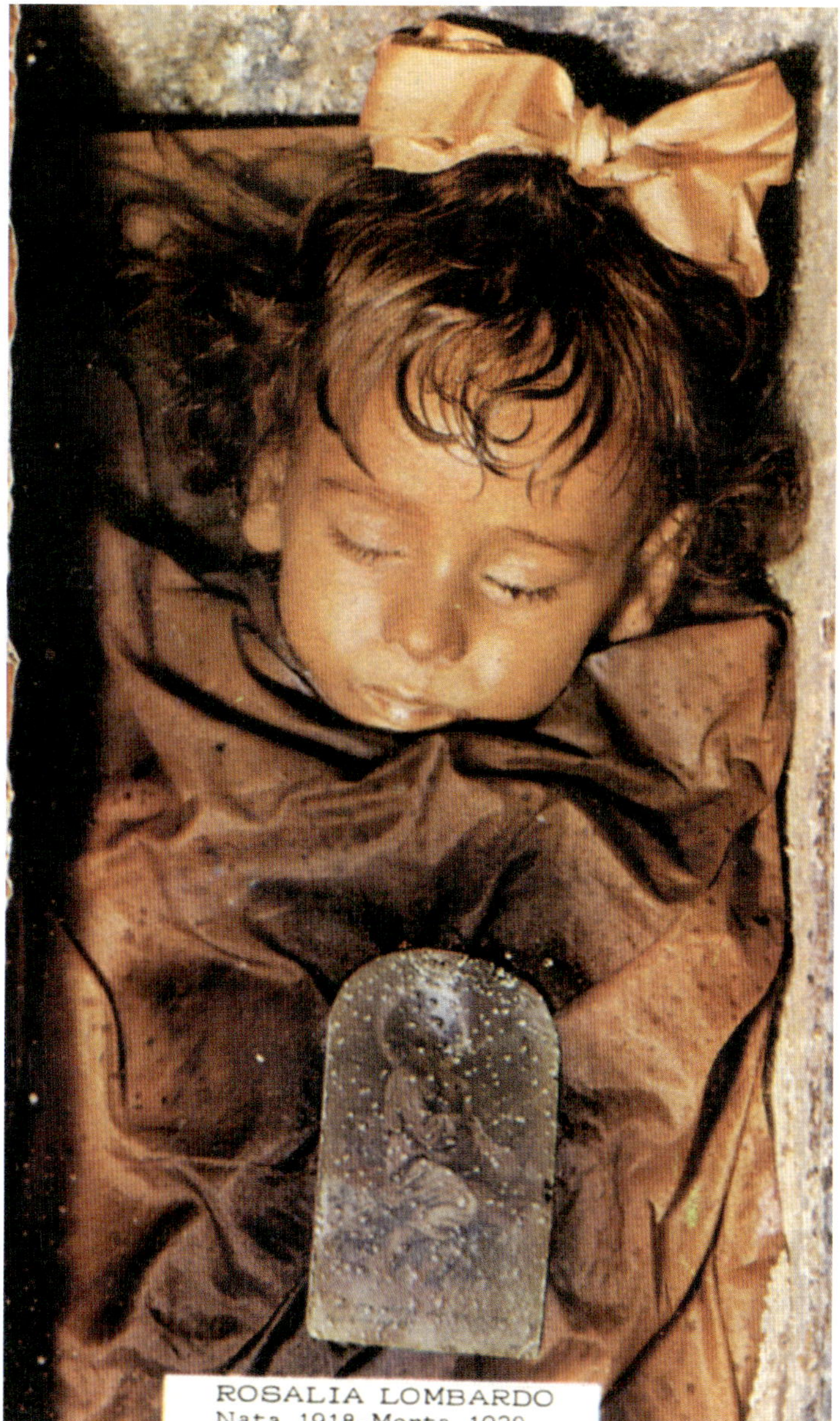
ROSALIA LOMBARDO
Nata 1918–Morta 1920

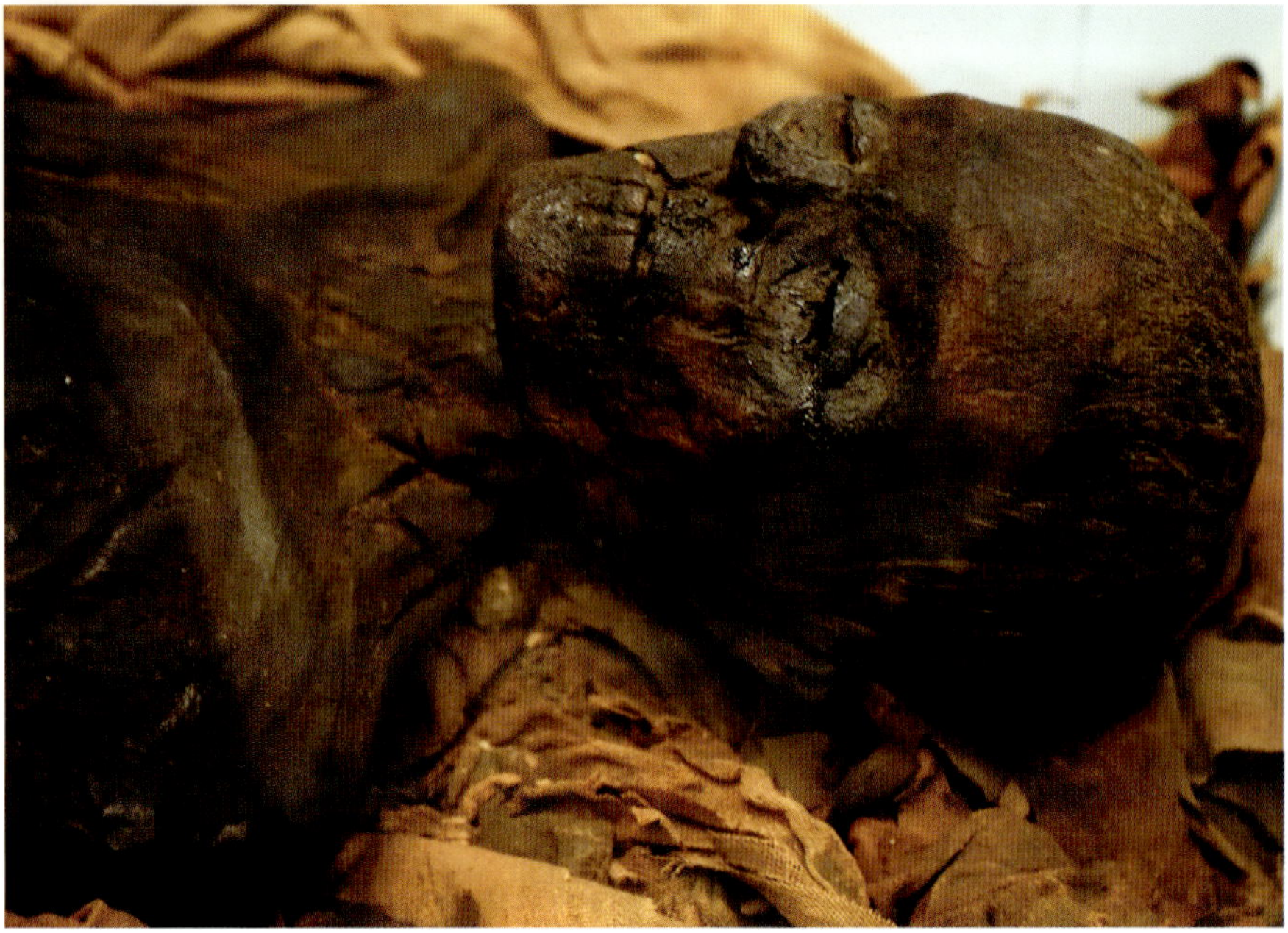

紀元前700年頃のエジプトで作成された女性ミイラ。（P.038）

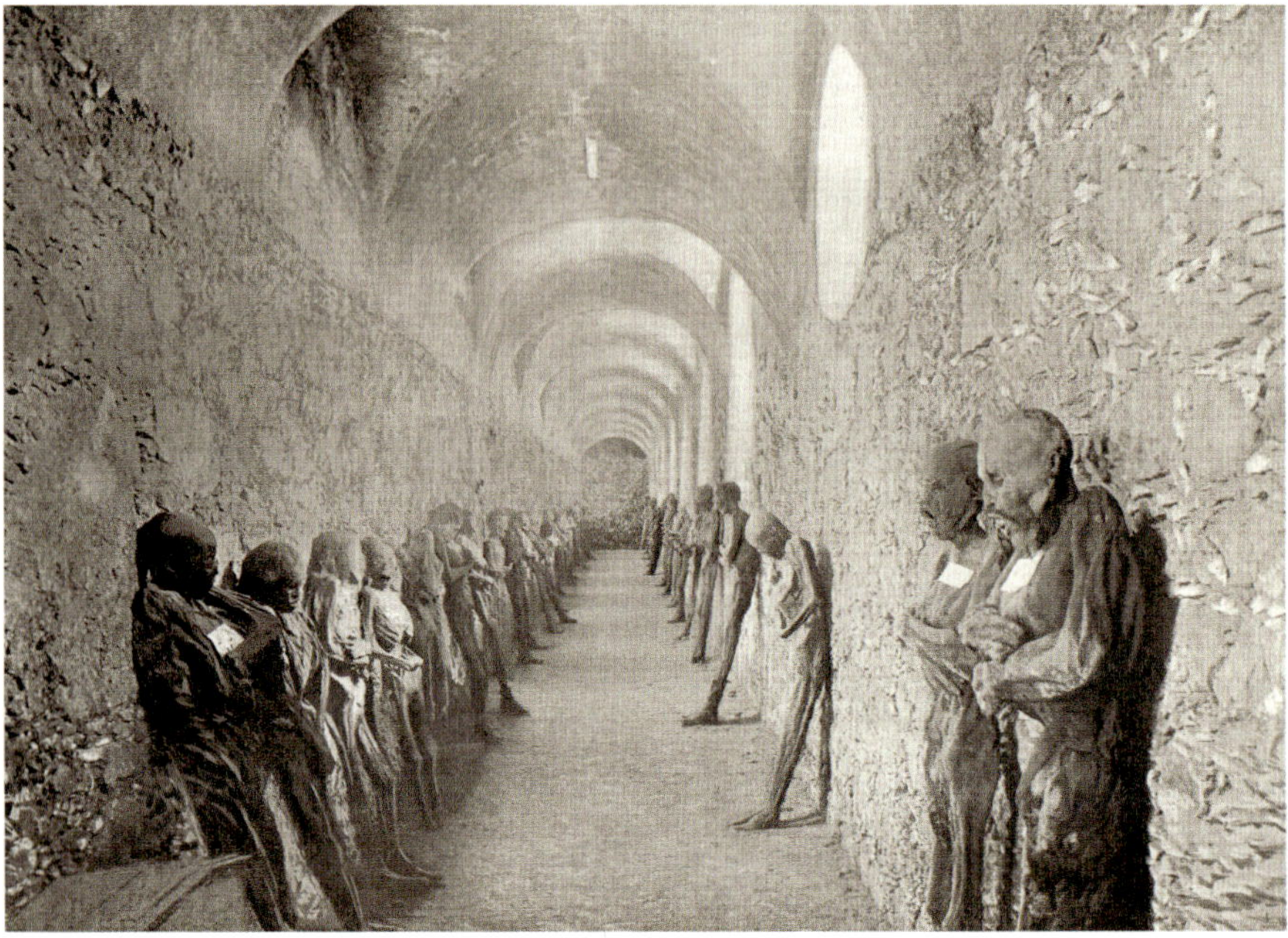

メキシコのグアナファトの墓地に並ぶミイラたち。この墓地は1969年にミイラ博物館となる。（P.065）

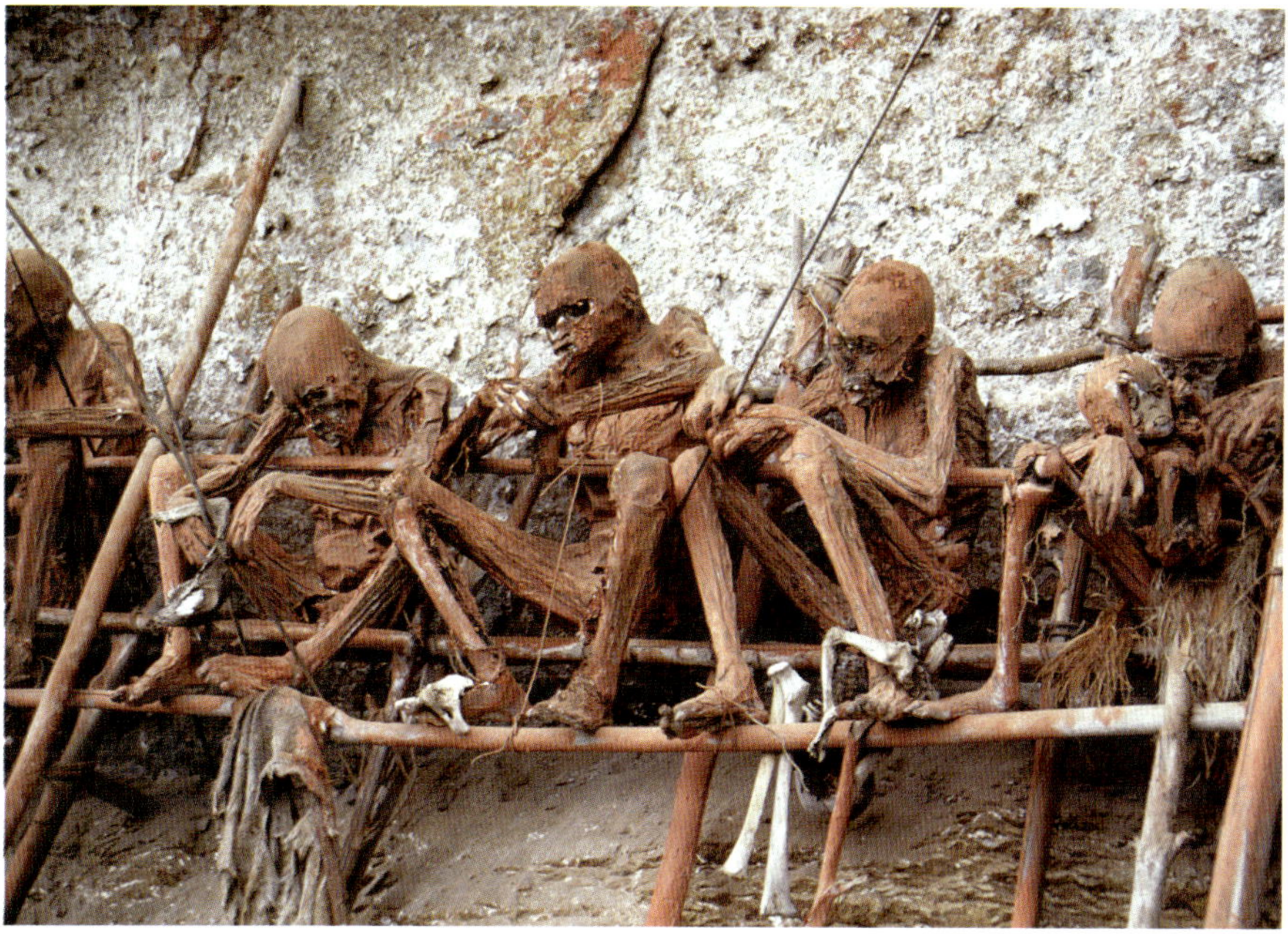

南太平洋のパプアニューギニアでは、ミイラたちが村に侵入する不審者を監視する役目を負う。(P.123)

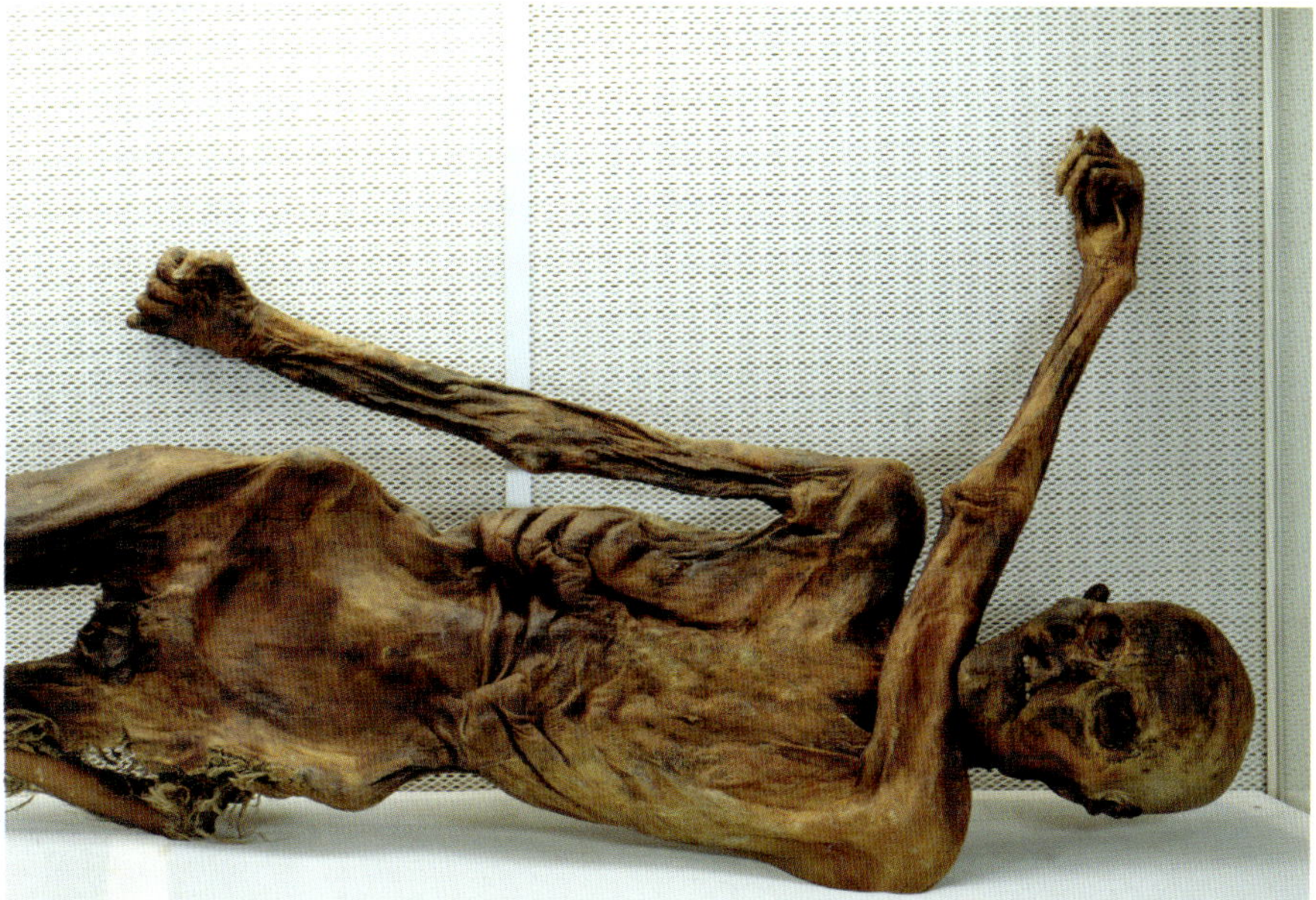

イタリアとオーストリア国境付近の氷河から発見されたアイスマン。(P.074)

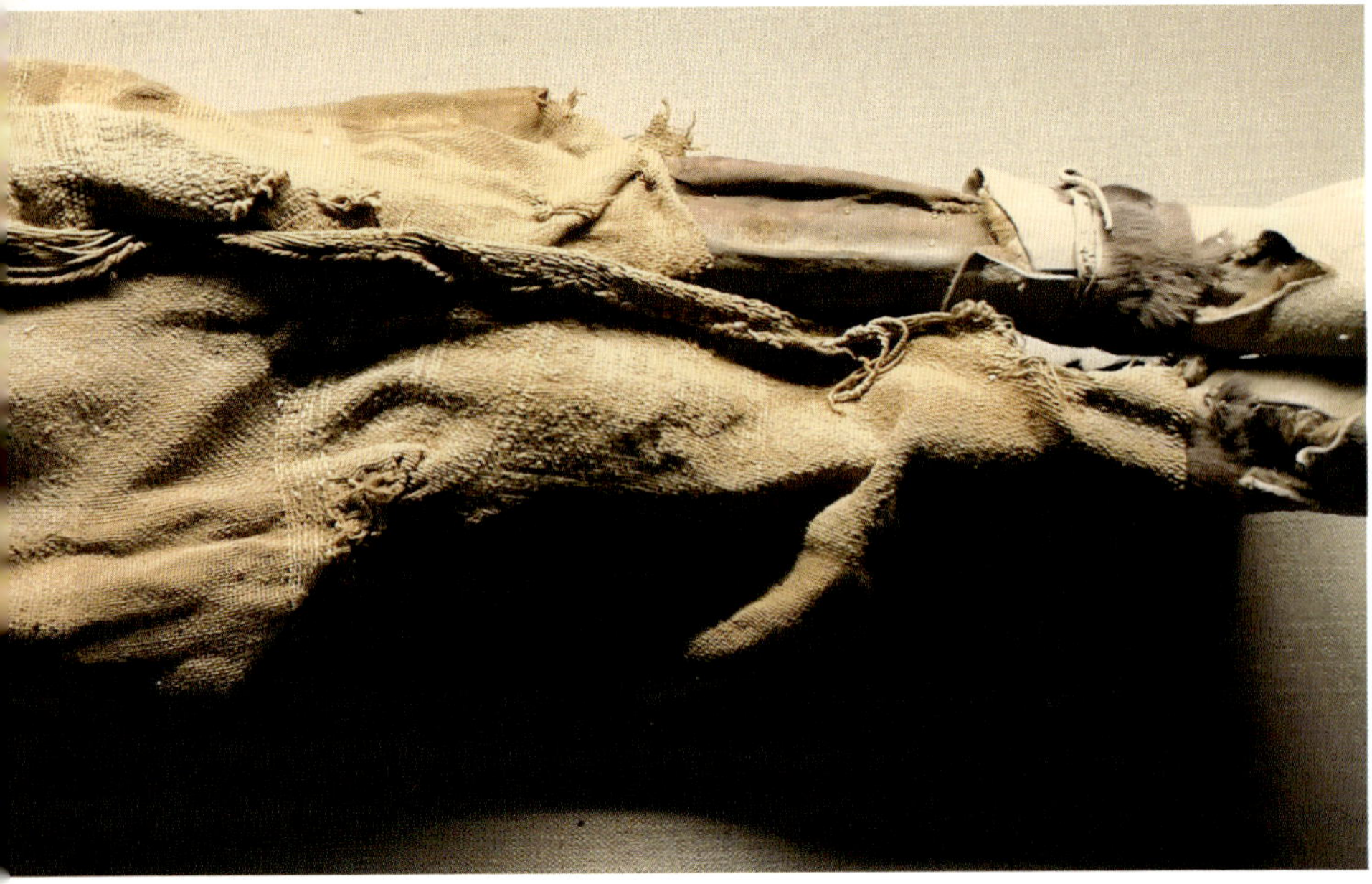

中国西北部の新疆ウイグル自治区タクラマカン砂漠にあった、楼蘭で発見された白人女性ミイラ。（P.110）

紀元前300年頃に作られた、南米アンデス地域のパラカス文化時代の女性ミイラ。（P.055）

山形県は湯殿山注連寺にある鉄門海上人の即身仏。荒くれ者から、苦しい修行の末即身仏にまでなった。（P.133）

オランダのイデ村で発見された泥炭湿地ミイラ。乾燥砂漠気候とは違うが、泥炭湿地もミイラを生む自然条件に適う。(P.104)

エジプトの第21王朝時代の女王のミイラ。顔の形を保つため、中にはオガクズがいっぱい詰められている。（P.040）

ローマの「サンタ・マリア・デッラ・コンチェツィオーネ教会」、通称骸骨寺の髑髏たち。（P.071）

イタリア南部のシチリア島カタコンベ（地下納骨堂）にあるミイラたち。8000体のミイラが納められている。（P.073）

contents
目次

introduction
はじめに

「いまなぜミイラなのか？」ということについて、この本の冒頭で触れておきたいと思います。

現在日本は超高齢化社会を迎え、さまざまなメディアやビジネスの上でも終活にまつわる話題がいろいろと取り上げられています。人々は死というものを自分にとっても非常に身近な問題として捉え、直視せざるを得ない時代に入っているといえるでしょう。

しかし戦後から現在にいたる日本社会では、日常生活において死者を目にする機会というものが極端に少なくなってしまいました。それは葬儀という形態においても然りです。非常にシステマティックにことが運び、生身の死者を目にするタイミングも、葬儀場などでの限られた一瞬に過ぎなくなっています。

それは戦後私たちの社会が、死という当たり前の現象や死体というものに対して、できるだけ見ないように、考えないようにして生きていくことを前提としてきたからかもしれません。

今回この書籍で世界中のミイラを編集するにあたり、改めて人類がその長い歴史の中で、いかに

死体というものを日常的に見てきたかということを考える機会となりました。そこには南米アンデス地域のように、生者と死者の間に境目のない死生観を持つ文化があり、生者と死者が一緒に暮らす世界があります。

我々日本人にしても、つい30年ほど前の昭和時代あたりまで、地方における土葬や土着的な葬儀文化といったものが残り、そこには死者と向き合い身近に接する風習もありました。

さらに言えば、人類が歴史上常に繰り広げてきた戦争の中で、生者はいつでも死者となり果てる姿を目撃してきたのです。

ミイラ文化を扱う本書が現代の日本において、読者の方々に人類の歴史を思い起こすとともに、「生を考え、死を想う」ひとつの契機としてもお読みいただけたとしたら、非常に光栄なことと考えています。

令和元年七月吉日　ミイラ・プロジェクト

ミイラといえばエジプトというイメージが、多くの人々の抱くものだろう。それはハリウッド映画の影響や、ルーブル美術館などに所蔵される見事な古代エジプトの発掘副葬品とともにイメージされるからかもしれない。しかし古今東西ミイラは世界中に存在し、様々な形で人類史と共にあったのだ。

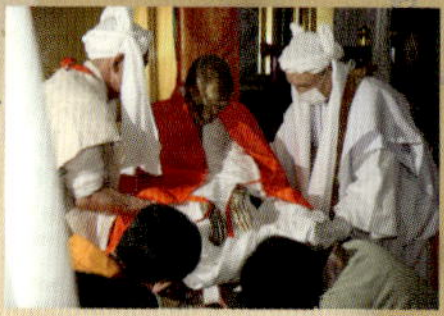

日本でも東北地方などを中心に、即身仏を志願した仏教者たちが進んでミイラ仏となった。

メキシコのグアナファトでは、乾燥砂漠地帯のため自然ミイラが多数保管され、ついにミイラ博物館ができた。

LATIN AMERICA

LATIN AMERICA

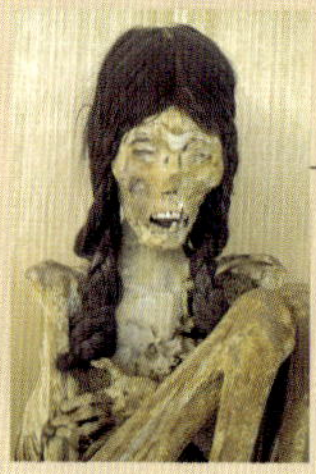

南米チリは古代アンデス文明の中で、自然にミイラ信仰を中心とした風習が育まれた。

序章
時代や社会が見えてくる世界のミイラ文化

人類はいつも死者への尊敬と恐れの間で動揺してきた

世界には昔から様々な埋葬習慣がある。現在の日本では火葬して墓地に納骨し、法事の時や故人への思いを偲ぶ際に、お墓を訪れるといったことが主流だろう。

しかし人類史においては風土環境の違いから、古今東西多様な埋葬習慣と埋葬文化があったのは言うまでもない。

春夏秋冬や山川草木の変化、火山噴火や地震、津波、台風といった自然災害と、環境の激変がもたらす風景のバリエーション。

そうした自然環境の中で、私たち日本人の諸行無常といった人生観や死生観、埋葬文化といったものも自然に形成されてきた。現在の日本人があたり前と考えている火葬にしても、それは死者に対する冒涜であり、遺体の破壊行為であると見る文化もある。

ヨーロッパでも泥炭湿地やアルプスの凍土といった場所から多くのミイラが発見されている。

湖南省やタリム盆地、タクラマカン砂漠といった中国内陸部でも、多くのミイラが発見されている。

イタリアのシチリア島でもまた、独特のミイラ文化が生まれた。教会の地下で保管され、家族はいつでも面会できた。

言わずと知れたエジプトは、人工的なミイラ作りにおいて最も高い技術と研究がされた。

世界中のいたる場所で、ミイラは存在した。それはもちろん乾燥砂漠地帯に限らず、標高の高い山や永久凍土の中、そして泥炭湿地といった場所で偶然作られたものもあった。

20世紀初頭のドイツの人類学者レオ・フロベニウスは、「人類はいつも、死者への尊敬と恐れの間で動揺している」と言う言葉を残している。

そして、あらゆる葬式の習慣も「死体の破壊と保存との間を動揺している」と言っているのだ。

ある日突然、別れ難い大切な家族を失って呆然とする時、私たちはその死を認めたがらず、ずっとそのまま何事もなかったように、これまでの生活を続けようとする思いがある。

幼い我が子を亡くした母親が、その子をずっと抱き続け、これまでと同様食事を与え、語りかけ、子守唄を歌ってやる。

そんな悲痛な母親の姿を見る時、周囲はひとまず傍観するしかないこともあるだろう。

しかし季節によって、あっと言う間に腐敗が進み、病原菌の発生や悪臭を放ち始める日本の気候では、いずれ誰かが母親を諭し、醜く変化していく前に遺体から引き離し、保存や管理のしやすい状態へと手を加えるしかない。

そのために愛しい子供の遺体であっても、火葬という破壊行為をせざるを得ないのだ。

もっとも日本の埋葬習慣は、元来土葬が主流だったが、これにしても死体を土に埋めることで、様々な虫や細菌、バクテリアなどが徐々に遺体を蝕み、骨と化して行く道をたどる。つまりゆっくりとした破壊行為には違いない。

ところが世界には、死後もずっとそのままの姿で形をとどめ、何百年、何千年と遺体が腐敗や破壊から免れるような環境も存在する。

そのひとつが極端な乾燥により、死後もずっと保存状態が続いてミイラと化した遺体である。

そのようなミイラが自然にでき

1891年のギザ・エジプト博物館で、
ミイラの解包をしている様子。

る乾燥気候の地域では、自ずと死者への思いや死生観、埋葬習慣といったものも変わらざるを得ないだろう。

古代アンデス文明では、ミイラは死後もずっと家族と共に暮らし、食事を共にし、語り合ったりする習慣があった。

時にミイラは家族の相談相手となり、死後もずっと家族の中で存在し続けるのだ。

そしてまた同様に乾燥砂漠地帯として有名なエジプトでも、独自のミイラ文化が3000有余年にも渡り続けられてきた。

人々は昔から「不死」への願望を抱き続け、「復活」や「再生」、そして肉体が消失した場合には、「魂の不滅」といったものを信じてきた。

人間は誰でも、いつ死ぬかわからない。その恐れや不安から逃れるための心理として、様々な宗教や埋葬文化も必要とされた。

エジプトにおけるミイラは、遺体をミイラ化することによって、死者がその死後も、個人的な〝永遠の命〟を得るための拠点として作られた。

それにより生前叶わなかったことや、苦しかった病などからも逃れ、平和で幸福な世界があることを願ったのだ。

南米チリの若い女性のミイラ。膝を抱え込む屈曲位の姿勢は、アンデス地域におけるミイラ文化の特色でもある。

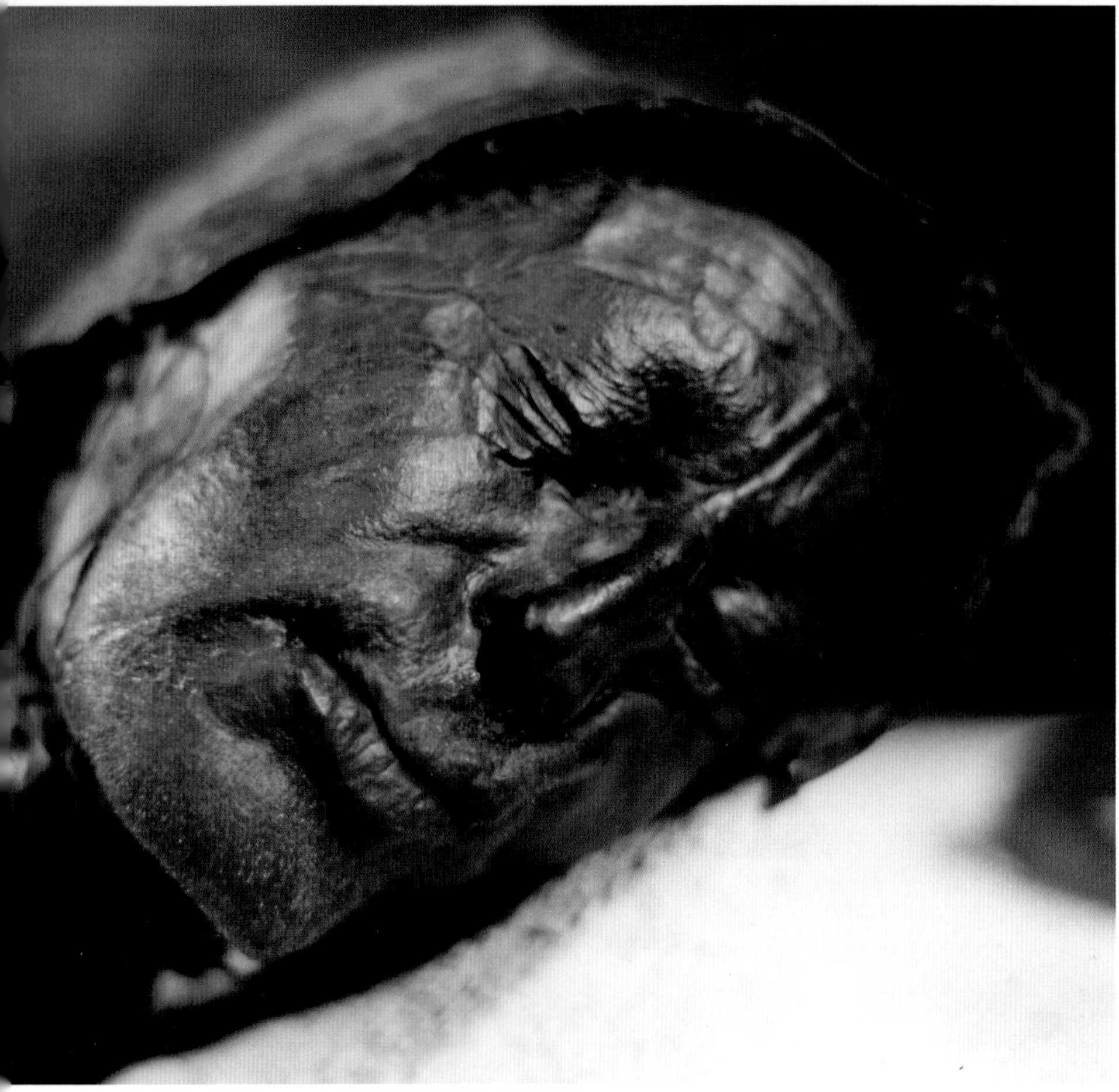

泥炭湿地で発見されたミイラ。しかめた顔の表情や、小ジワの1本1本までリアルで、息づかいさえ聞こえそうだ。

ミイラの定義はそもそもどんな状態を言うのか

ではそもそもミイラとは何か。ミイラの定義のひとつに、1958年に刊行された上野正吉著『新法医学』がある。

それによると「死体の乾燥腐敗による分解速度より早く、かつ高度に進むと、死体の乾物ができあがる。これがミイラであり、体水分が60％以下になると細菌類の繁殖が阻止され、さらに50％以下になれば完全に止まる」とある。

つまり極端な乾燥気候の環境では、条件さえそろえば人間の死体は自然にミイラとなる。現実に中南米やエジプト、中国内陸部などの乾燥砂漠地帯では、死体がそのままミイラとなった例はいくつもある。

また砂漠地帯とは違うが、ヨーロッパや世界の泥炭湿地帯でも、

真如海上人衣替えの様子。大飢饉に苦しむ民衆の救済を願って入定したという上人。即身仏として人々の崇敬の対象となった。

タリム盆地で発見された、身長2m近くもある約30歳と推定される男性のミイラ。金髪の白人であご髭を生やしていた。

偶然によりミイラができる条件がそろう場所がある。

　これらは強酸性の水や低温、酸素の欠乏といった諸条件のおかげで、皮膚や内臓が保存されているのだ。ただし泥炭に含まれる酸が、リン酸カルシウムを溶かすため、骨の保存状態はあまりよくないものが多い。

　そしてまた日本のように、仏教者が即身仏として、そのまま地中に入りミイラ化する例もある。

　つまり本書ではこのように、防腐処理や乾燥技術を駆使して作られた、人工ミイラだけを紹介しているわけではないということだ。偶然によりできたものや、「屍蝋《しろう》」と呼ばれ、水中または湿潤の土中で、死体の脂肪が化学変化を起こし、腐りにくくなったことで残っている死体なども含めてミイラとしている。

　いずれにせよ人類は、このような遺体やミイラを目撃しながら、それぞれの地域文化の中で死生観や人生観を形成してきたということなのだろう。

第1章

EGYPT

エジプトのミイラ

約3000年という長きに渡り続けられてきた、古代エジプトのミイラ作り。時代により作成法に多少の違いはあるものの、人々はどんな考えに支えられ、そうした埋葬儀式を続けてきたのか。その理由や目的を探りたい。

クフ王の墓として知られるギザの大ピラミッド。国王(ファラオ)は、巨大な墓を建て、死者の国でも王であり続けようとしたのだろう。

紀元前約1297-1213年に生きた、国王ラムセス2世のミイラ。
穏やかで威厳のある表情は、生前の姿を想像させてくれる。

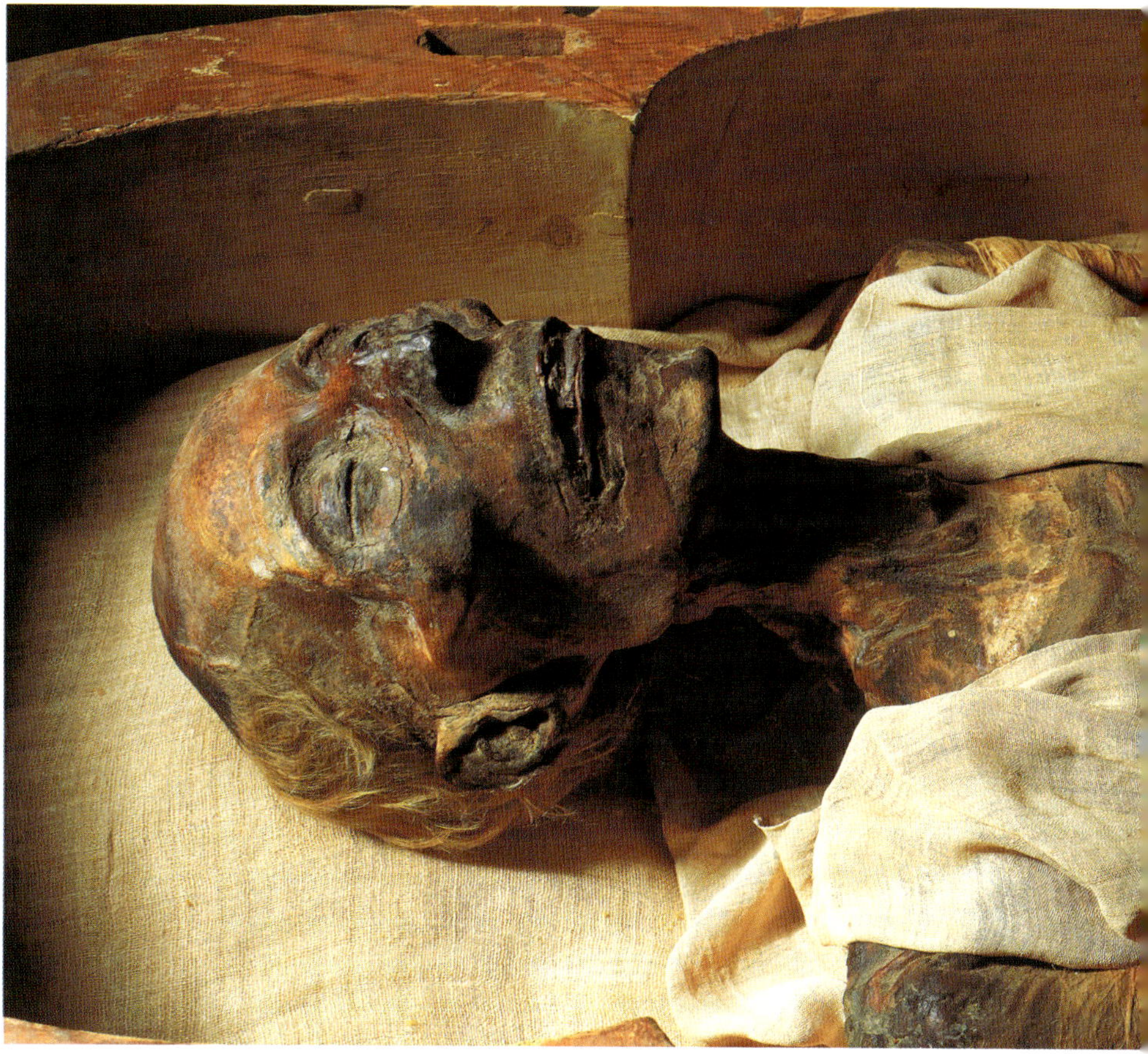

死者の国があると信じた古代エジプト人

地球上様々な場所に残るミイラだが、
ミイラ作りが盛んな場所に共通するの
は砂漠があるような乾燥気候地帯だ。

ミイラはなぜ作られたのか？その目的とは⁉

古代エジプトにおいて、ミイラ作りがなぜかくも盛んに行われていたのか。それを知る手がかりが、『死者の書』と呼ばれるものの存在だ。そこからは、古代エジプト人たちの興味深い死生観が見えてくる。

古代エジプト人たちの死生観を支えた、絶対的な存在である死者の国の王オシリス。

書記の神トトは神の審判を記録する役割。顔は朱鷺《とき》の形をしている。

死者の心臓を食べようと待ち構えている怪獣のアメミト。頭はワニの形をしている。

『死者の書』が教えてくれる古代エジプト人の死生観

ミイラ作りは古代エジプトにおいて、紀元前1500年頃から同1000年頃にかけてピークを迎えるが、そうした埋葬習慣がなぜ行われたかを知る手がかりとして重要なのが、『死者の書』と呼ばれるものだ。

しかし書とは言ってもこの時代に現在のような紙はない。当時の死生観や風習を記《しる》すには、もっぱらパピルス紙が使われた。

これはナイル湖畔の湿地に生育していた植物で、細長い茎の部分を編み合わせて作られている。それを叩いて平面的な巻き紙にしたものだ。

そしてそこに書かれているのは、200以上の呪文である。

呪文の内容は、死者の祈りや訴えと、来世での困難な旅を助

審判の席に座っているのは、
神々の陪審。
背後の妻と一緒に、
天秤の結果を心配
そうに見守る死者。
死者の霊魂である
バーは顔が人で、
鳥の姿をしている。
天秤の片方に乗せ
られているのは、
死者の心臓。
ジャッカルの顔をした
神アヌビスが、死者の
心臓の重さを測る。

けてくれるよう願ったもの。

そこから当時のエジプト人たちが考えていた死生観が見えてくるし、なぜそんなにも熱心にミイラ作りを行っていたかも理解できてくる。そしてさらに、なぜ古代エジプト人たちは埋葬の際に『死者の書』を記すようになったのか。それを知る手がかりがオシリス神話である。

オシリス神話は、古代エジプト神話の中で最も知られ、国王たちが自らの神話化のためにも、しばしば利用してきたものだ。

書記の神トトが記録するのは古代紙のパピルス。長い茎の部分で作られた。

ミイラ作りのもととなったオシリス神話とは何か

オシリス神話にも様々なバリエーションはあるが、ギリシャのプルタルコスが伝える所を要約すると次のようなものだ。

オシリス王は弟のセトと、イシスとネフティスという2人の妹を持つ。

名君としてエジプトを統治していたが、嫉妬した弟のセトはオシリスを箱に閉じ込め殺し、河に投げ込む。箱は地中海に流れ出て、シリア海岸のビブロスに流れ着く。イシスはそれをつきとめ、箱を取り戻し、復活したオシリスとの間にホルスという子供を産む。

しかしセトは再度オシリスを殺し、今度はその遺体を切り刻みバラバラにすると、エジプト中にまき散らしてしまう。

するとイシスは再び国中を歩

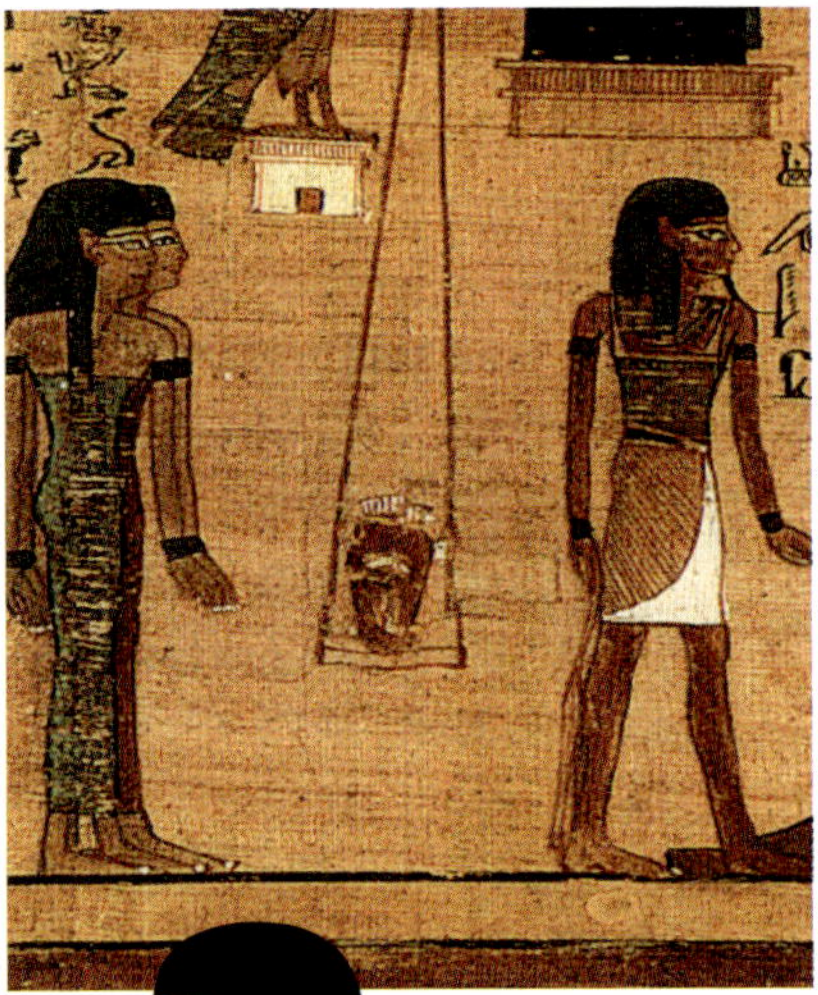

天秤の片方に載せられているのは、死者の心臓。

天秤のもう片方には、真実の羽が載せられている。

人が死後の世界で永遠に生きるためには、鳥の形をした霊魂であるバーが、ミイラと結合しなければならない。

ミイラの棺には、死者のための様々な呪文やシンボルが描かれている。

き、オシリスの遺体を一片ずつ見つけて行く。

そのたびに見つけた場所に墓である神殿を建て、ついにかつて地上の王であったオシリスが、今度は死者の国の王となったというものだ。

ここで重要なのは、オシリスが死者の国で復活して、永遠の王として生きるということ。

こうした神話にもとづき、古代エジプト人は来世を信じ、時間や労力、財産も惜しみなく使い来世のために備えたのだ。

コラム

ミイラはなぜ布でぐるぐる巻きにされているのか?

エジプトのミイラが包帯でぐるぐる巻きにされた理由は、オシリス神が全身をバラバラに刻まれたことによる。オシリス信仰によって死後の安泰を願った王たちは、体をバラバラにされないため、包帯で厳重に巻き、何層もの棺に入ったのだ。

エジプト文明を育んだナイル河。アフリカ最長の河川であり、6,650kmに及ぶ。

3000年以上に渡り続いたエジプトの王(ファラオ)の歴史は、ミイラ文化をおいて語れない。

全長6,650kmというアフリカ最長を誇るナイル川は、大いなるエジプト文明をもたらしたが、同時にそこは住血吸虫など寄生虫を媒介する源ともなった。

古代エジプト人たちはスカラベ（フンコロガシ）を、糞の玉から魔力を持って生まれてくると考え、死後の重要なお守りとした。

ジャッカルの顔を持つアヌビスは、ミイラ作りの神であり墓地の守護神でもあった。

カーを引き止めるため肉体のミイラが必要だった

さらに『死者の書』では、当時のエジプト人たちが人間の持つ霊魂というものを、3種類あると考えていたこともわかる。

ひとつ目は、《カー》と呼ばれるもの。これは極めて人間的で個人的なものだ。人間作りの神クヌムが、ひとりずつ人間を作る際に生み出す霊魂である。

2つ目は《バー》と呼ぶもので、肉体とカーが一体となった時に現れ、日本人が一般的に考える霊魂に近いと思われる。

そして3つ目が《アクー》であり、これは神と人間との間を仲介する超自然力を持つ。肉体は地上に属するが、アクーは天に属している。

そしてこの3つの霊魂を持つ人間が死ぬと、天に属するアクーは朱鷺《とき》となって飛び去って

第19王朝第3エジプト（紀元前1279〜1212年）のファラオである、ラメセス2世のミイラ。

しまう。バーは黒いコウノトリ（第18王朝以後は、しばしば人間の頭をした鳥）となって、これも飛び去ってしまう。さらにカーも肉体と共に消えてしまう。しかし古代エジプト人たちは、熱烈に生命の不滅を念願し、信じていた。そこで個々人の生命力である霊魂のカーを、なんとか肉体に引き止めておこうとした。そうすれば、カーと関係が深いバーもあまり遠くへは飛んでいかないと考えた。それがミイラ作りの目的となったのだ。

Mummy Trivia

スカラベは心臓を護る神

スカラベは動物の糞を玉のように転がして運ぶが、古代エジプト人はその姿を見て、甲虫の顔を持つ太陽神ケプリがこれと同じように太陽を転がして、空を渡ると信じていた。それがまた、大切な心臓も守ってくれると考えていたのだ。

エジプトミイラの作られ方とそれが意味するもの

ミイラ作りは約3000年という長い歴史の中で多少の変化を見せながらも、古代エジプト人たちにとって、常に死生観を支える大事な儀式であった。医術や薬学の知識を駆使して、当時の人々がいかにミイラ作りを研究してきたかを学ぶ。

古代エジプトの、紀元前3世紀から2世紀頃に作られたと思われる女性ミイラ。

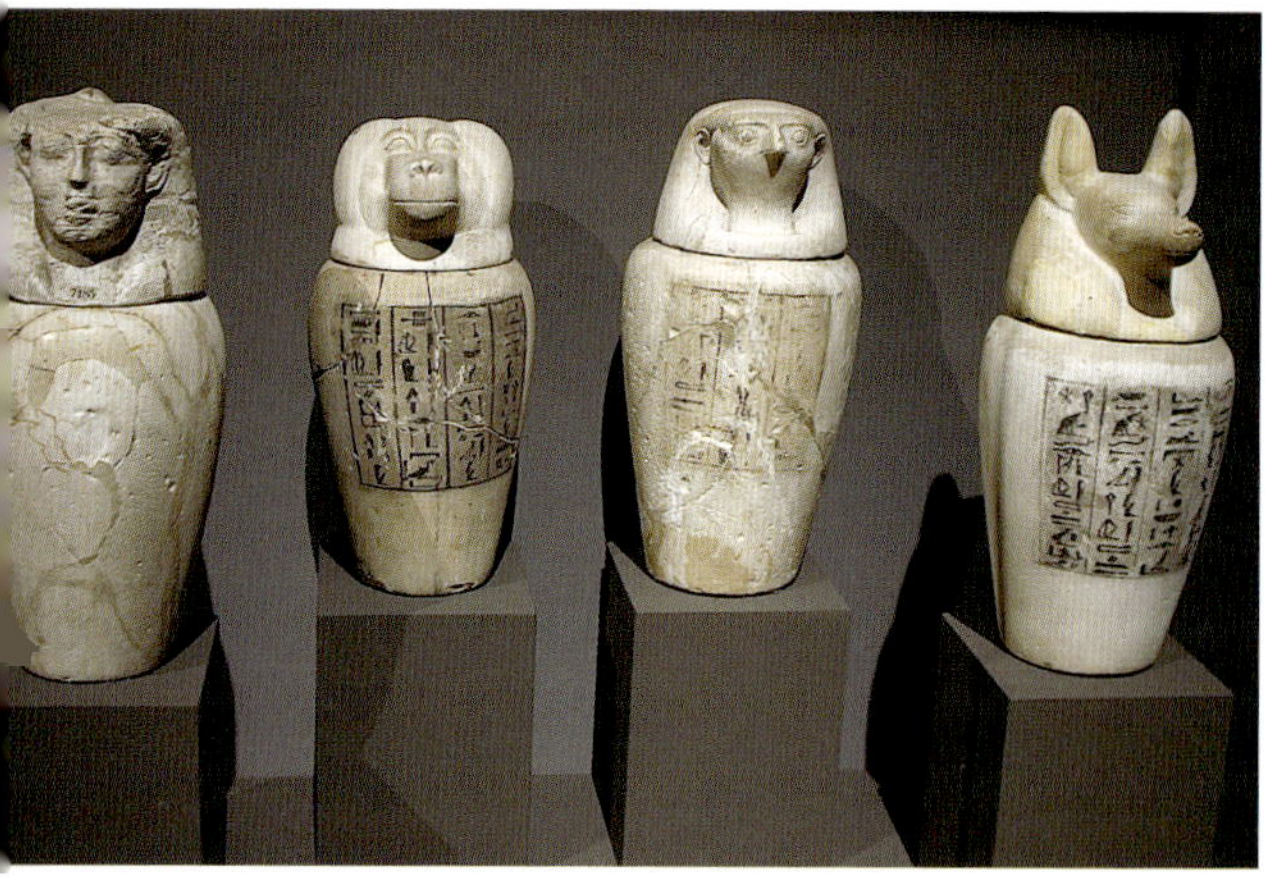

肝臓、肺、胃、腸などが入るカノポス壺。蓋にはそれぞれの臓器を守る神様の顔がある。

内臓や脳を取り除き天然塩ナトロンで脱水する

ミイラ作りはおおむね次のような手順で行われていた。まず遺体をきれいに洗った後、内臓と脳を取り出す。そうしないと、それらの臓器に含まれた水分で腐敗が進むからだ。肉体の臓器は、左脇腹から鋭い黒曜石のナイフで穴を開けて取り除かれた。そして脳は鼻から細い針金のような鉤棒《かぎぼう》を突っ込み、かき出す。さらに内臓が取り除かれた体は、ヤシ酒でゆすぐ。しかしこの時心臓だけは来世で審判を受ける時に必要なため、残される。

またその他の臓器も、カノポス壺と呼ばれる4つの壺に、臓器の種類ごとに入れられ、ミイラとともに埋葬されるのだ。

次に天然塩ナトロン（ソーダ石）を使って全身を覆い、70日間かけて水分を排出させる。

≪王族編≫

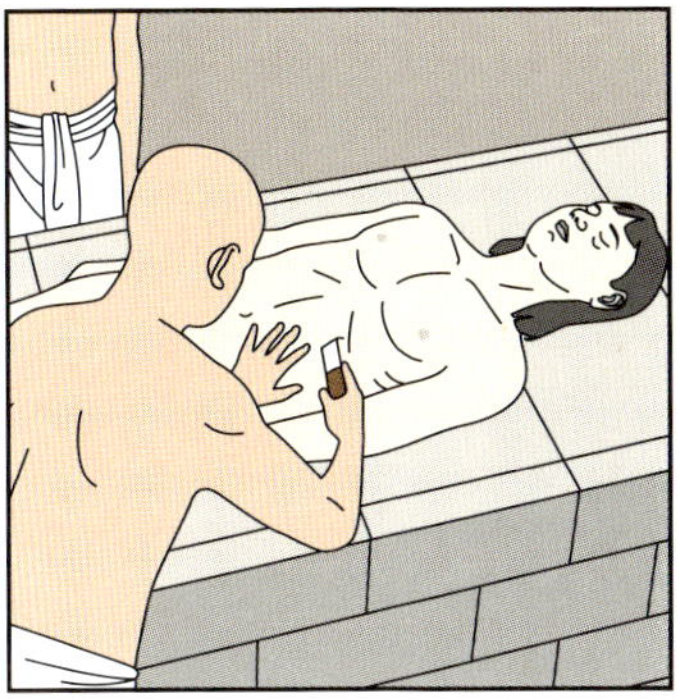

❶ 左の脇腹をナイフで切り、心臓以外の内臓を取り出す。黒曜石から作られたナイフが使用された。

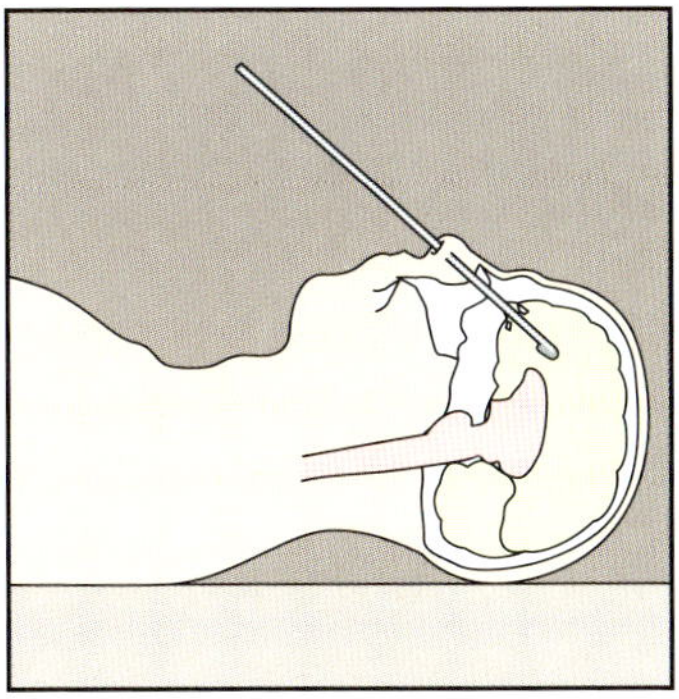

❷ 針金のような鉤棒を鼻から挿しこみ、脳をかき出す。巨大な耳掻きのような形状をしている。

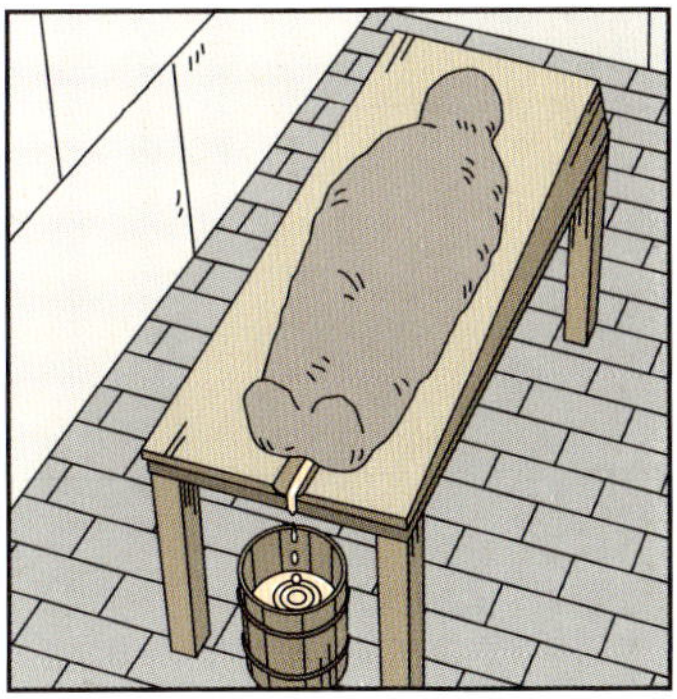

❸ 内臓のあった部分にはナトロンやオガクズなどが詰められ、遺体全体もナトロンによって完全に覆われる。そのまま脱水して70日間乾燥させていく。

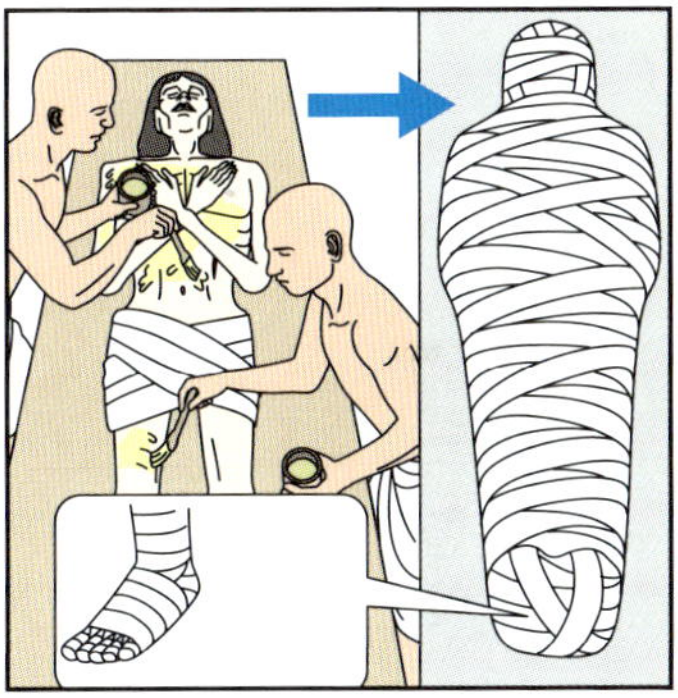

❹ ナトロンが取り除かれ、全身に香料が塗られる。そして足の指1本1本まで丁寧に包帯が巻かれる。

このナトロンには、水分を吸収すると同時に死体の脂肪を溶かす効果や、弱い防腐作用もあるため有害な細菌を殺してくれる。70日後にナトロンが取り除かれると、今度は遺体の保存を助け皮膚のヒビ割れなどを防ぐため、スギ油、ろう、ナトロン、ガムの混合物でこする。

次に体内に亜麻布、砂、あるいはオガクズなどの詰め物を詰めて形を整える。そして最後に亜麻布の包帯で、全身を何重にも巻いて行くのだ。

コラム

微妙に傾斜した寝台から排出される水分や脂分

ナトロンに覆われた遺体は、少し傾斜した寝台の上に横たえられる。遺体から出た水分はナトロンを溶かして液状になる。ナトロンは脂肪分も溶かし体外に出る。流れ出た水分は、傾斜した寝台の裾に作られたくぼみに流れ落ちる仕組みだ。

初期の頃ミイラになることはファラオや王族の特権だったが、次第に一般の庶民も死後の世界で生きることが許されるようになり、ミイラ文化が成熟していった。

4つのカノポス壺に納められる4種類の臓器と守護神たち

ミイラは、王族など身分の高い者であれば、装飾を施され、マスクが描かれた棺に入れられたりするが、庶民の場合はそのまま地面に埋められた。

　また包帯も身分の高い者ならきれいなものが使われ、指の1本1本まで丁寧に巻かれたが、庶民の場合は粗悪な包帯が使われ、す巻きのようにグルグル巻きにするだけにされた。

　ところで摘出された内臓は、先に書いたようにカノポス壺に納められるが、4つの壺にはそれぞれ4つの神様の形をした蓋《ふた》がついている。

　人間、ヒヒ、犬、鷹となっているが、それらはオシリス神の子供であるホルス神の、4人の子供を表している。

　まずアムセト神が人の顔、ハ

≪庶民編≫

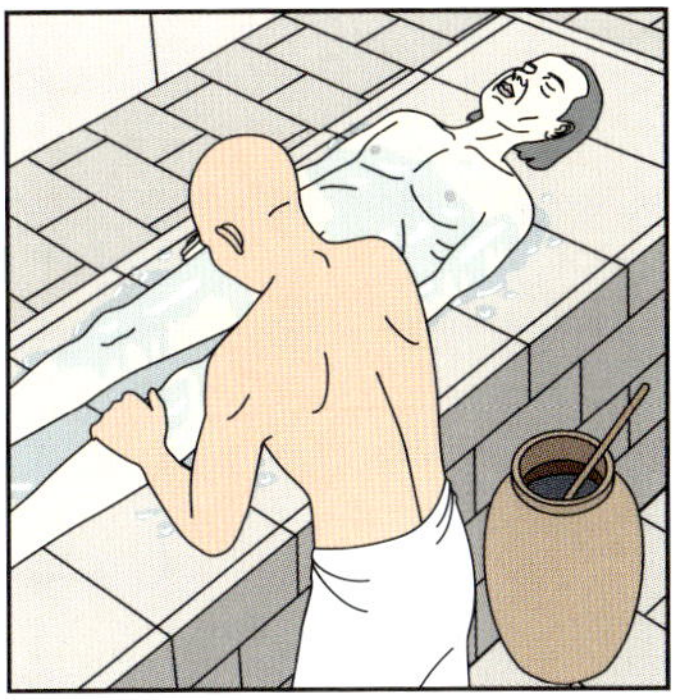

❶ 横たわらせた死体は、まず水できれいに洗われる。

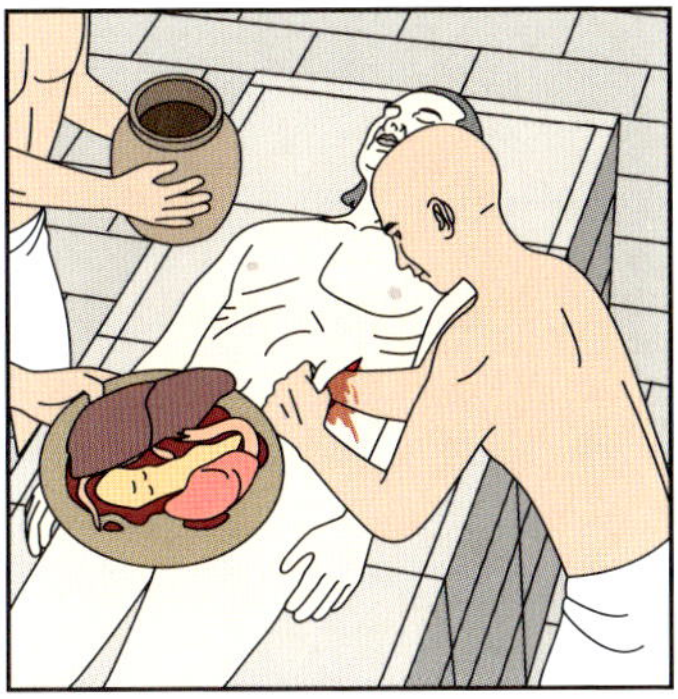

❷ 水分を含んでいるため腐りやすい内臓や脳は、ていねいに取り除かれた。

❸ 天然塩のナトロンで遺体の全身を覆いつくす。それによって遺体は脱水され、ミイラ化しやすくなるのだ。

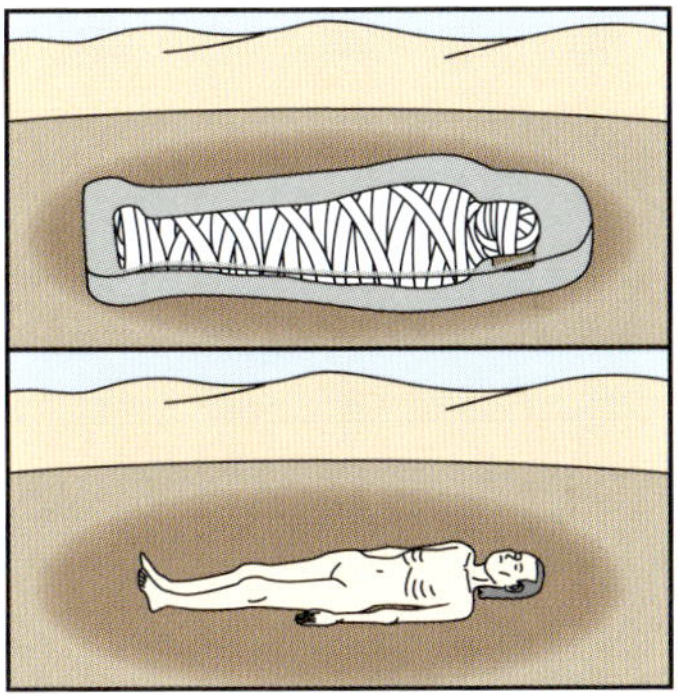

❹ 庶民でもお金のある者は包帯巻きにされ棺にも入れられたが、貧乏な者はそのまま土に埋められたりした。

ピイ神がヒヒの顔、ドゥアムテフ神が犬の顔、ケベセヌフ神が鷹の顔をしている。

そしてアムセト神の壺には肝臓、ハピイ神が肺、ドゥアムテフ神は胃、ケベセヌフ神が腸を入れる壺となっており、それぞれの神が臓器を守ってくれるとされた。

しかしこれも紀元前1000年頃になると、一度取り出して処理した臓器を再び体の中に戻すようになり、時代の変遷とともに変化することもあった。

Mummy

天然塩の作用を使ってたくみに行われたミイラ作り

ナトロンとは炭酸ナトリウムや重炭酸ナトリウム、クロルナトリウム(塩)に、少量の硫酸ナトリウムが天然に合成されたもの。産地名ナトルーンが名前の由来と見られる。ナトロンには遺体の組織をあまりそこなわず、徐々に乾燥させる作用がある。

Trivia

新王国時代に最高潮に達したエジプトのミイラ作り

エジプトにおけるミイラ作りは、約3000年にも渡り続いていた。その間王朝の混乱や衰退もあり、ミイラの製作技術も影響を受けたが、新王国時代から1100年頃に始まる末期王朝時代にかけて、それは絶頂期を迎えた。

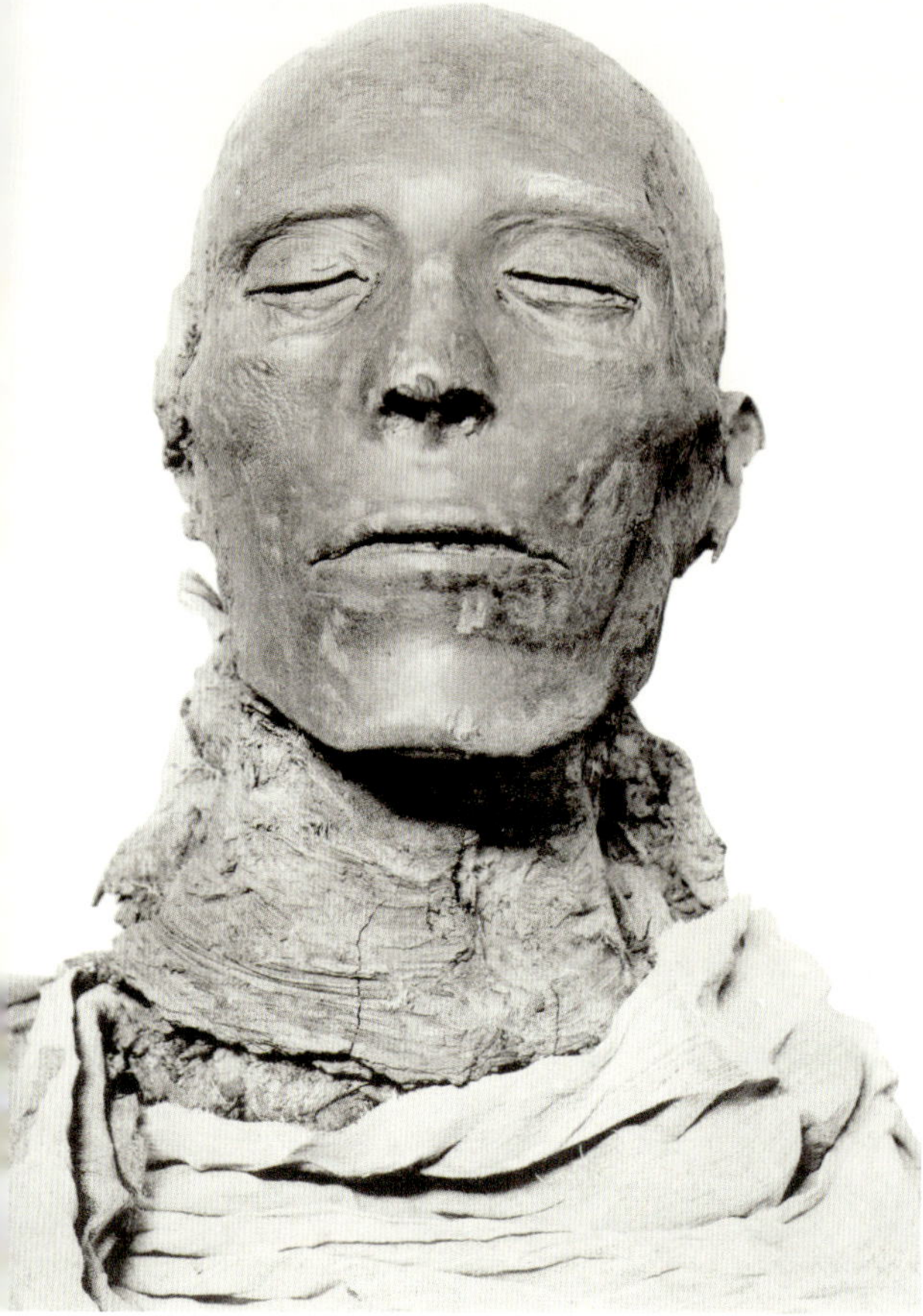

第19王朝のファラオ、セティ1世のミイラ。その顔と威厳に満ちた風格は、3000年以上経った今も衰えを見せぬかのように堂々としている。

約3000年に渡り続いたミイラ製作とその技術

古代エジプトにおいてミイラ作りは、そもそもいつ頃始まりどれくらい続いていたのか。

それは有史時代の古王国時代(第3～第6王朝)の、紀元前約2700～2200年頃にかなり進歩が見られた。

しかしその後統一王朝が崩壊して混乱期に入った第1中間期(第7～第10王朝)から、中王国時代(第11～第12王朝)紀元前2100～1800年頃にかけては、ミイラ作りの技術がいく分低下していた。

第12王朝が滅び、またもや混乱期に入った第2中間期(第13～第17王朝)を経て、新王国時代(第18～第20王朝)の紀元前約1600～1100年頃になると、ミイラの製作法にいろいろと改良が施された。

[新王国時代とファラオの一覧]

王朝名	在位(年)	王名(英字表記)	即位名
第18王朝	前1570 - 1546年頃	アフメス1世(Ahmose I)	ネブペフティラー
	前1551 - 1524年頃	アメンヘテプ1世(Amenhotep I)	ジェセルカラー
	前1524 - 1518年頃	トトメス1世(Thutmose I)	アアケペルカラー
	前1518 - 1504年頃	トトメス2世(Thutmose II)	アアケペルエンラー
	前1479 - 1458年頃	ハトシェプスト(女王)(Hatshepsut)	マアトカラー
	前1479 - 1425年頃	トトメス3世(Thutmose III)	メンケペルラー
	前1453 - 1419年頃	アメンヘテプ2世(Amenhotep II)	アアケペルウラー
	前1419 - 1386年頃	トトメス4世(Thutmose IV)	メンケペルウラー
	前1386 - 1349年頃	アメンヘテプ3世(Amenhotep III)	ネブマアトラー
	前1350 - 1336年頃	アメンヘテプ4世(Amenhotep IV)	ネフェルケペルウラー
	前1336 - 1334年頃	スメンクカラー(Smenkhkare)	アンクケペルウラー
	前1334 - 1325年頃	ツタンカーメン(Tutankhamun)	ネブケペルウラー
	前1325 - 1321年頃	アイ(Ay)	ケペルケペルウラー
	前1321 - 1293年頃	ホルエムヘブ(Horemheb)	ジェセルケペルウラー・セテプエンラー
第19王朝	前1293 - 1291年頃	ラメセス1世(Ramesses I)	メンペフティラー
	前1291 - 1279年頃	セティ1世(Seti I)	メンマアトラー
	前1279 - 1212年頃	ラメセス2世(Ramesses II)	ウセルマアトラー・セテプエンラー
	前1212 - 1202年頃	メルエンプタハ(Merneptah)	バエンラー・メリネチェル
	前1202 - 1199年頃	アメンメセス(Amenmesse)	メンミラー・セテプエンラー
	前1199 - 1193年頃	セティ2世(Seti II)	ウセルケペルウラー・セテプエンラー
	前1193 - 1187年頃	サプタハ(Siptah)	アクエンラー・セテプエンラー
	前1187 - 1185年頃	タウセルト(女王)(Twosret)	サトラー・メリアメン
第20王朝	前1185 - 1182年頃	セトナクト(Setnakhte)	ウセルカラー・セテプエンラー
	前1182 - 1151年頃	ラメセス3世(Ramesses III)	ウセルマアトラー・メリアメン
	前1151 - 1145年頃	ラメセス4世(Ramesses IV)	ヘカマアトラー
	前1145 - 1141年頃	ラメセス5世(Ramesses V)	ウセルマアトラー
	前1141 - 1133年頃	ラメセス6世(Ramesses VI)	ネブマアトラー・メリアメン
	前1133 - 1126年頃	ラメセス7世(Ramesses VII)	ウセルマアトラー・メリアメン・セテプエンラー
	前1126 - 1125年頃	ラメセス8世(Ramesses VIII)	ウセルマアトラー・アクエンアメン
	前1125 - 1108年頃	ラメセス9世(Ramesses IX)	ネフェルカラー・セテプエンラー
	前1108 - 1098年頃	ラメセス10世(Ramesses X)	ケペルマアトラー
	前1098 - 1070年頃	ラメセス11世(Ramesses XI)	メンマアトラー・セテプエンプタハ

さらに末期王朝時代（第21～第30王朝）紀元前約1100～330年頃の前半に、ミイラ作りはピークに達する。

その後エジプトはペルシャに征服されたり、アレクサンドロス大王に侵入されたり、ローマの支配下におかれたりして国力も低下すると、ミイラの製作技術も低下し、表面的で安易な質の低い作り方になってしまった。

しかしその後もミイラ作りは続き、紀元後の数世紀間は行われていたが、やがて終焉を迎えたのだ。

Mummy Trivia

ミイラ作りの唯一の目撃者 ギリシアの歴史家ヘロドトス

ミイラ作りの目撃者として名高いのが、古代ギリシアの歴史家ヘロドトスだ。彼は紀元前450年にエジプトを訪れた際、その目撃談を記録した。彼の残した記録により、古代エジプトにおけるミイラ作りのあらましが、今日の私たちにもわかるのだ。

ミイラの儀式と副葬品に込められたものとは？

古代エジプトのミイラとともに一緒に発掘されるのが副葬品の数々だ。とりわけ生前に権勢を誇った王族のミイラには、豪華な品々が埋葬される。それらには、死後の世界を平和で豊かに暮らすための願いが込められていたのだ。

死者の心臓を守る大切なお護り スカラベやホルスの目の意味

古代エジプト人たちは死後永遠の世界に生きることを願い、彼らが生前愛した動物や親しんだ品々、あるいは死後の世界を無事生きられるよう、死者を守ってくれるお護《まも》りなども副葬品として埋葬した。

そのため副葬品を盗もうとする墓荒らしからいかに墓を守るかも、権勢を誇った王族にとっては重要なことだった。

主な副葬品はいくつかあるが、スカラベは有名だ。日本ではフンコロガシとして知られる昆虫だが、スカラベは死者の心臓を守る大切なお護りでもあった。

エジプト人にとって知能は脳ではなく、心臓に宿るとされていた。そのためミイラが知能を損なわずに死後の世界に行けるよう、スカラベを象《かたど》った宝飾品をミイラのそばに置いたり、包帯に縫い付けたりした。

また人の目を象った印象的なお護りが、「ホルスの目」（P35図版参照）と呼ばれるもの。

これはオシリス神の息子であるホルスの目を意味し、彼が邪悪な者と戦った時に失った目が奇跡的に回復したため、病気の治癒と結び付けられている。

また、ミイラ作りの際に体から取り出された内臓を入れるカノポス壺も一緒に墓に入れられたが、これは陶器製の人形のような形で埋葬されることもあった。

ファラオなど権力者の埋葬は多くの群衆が参列し、
また生きたまま一緒に墓に入る者などもいた。

死者は来世に持って行くものとして、様々な副葬品を一緒に埋葬した。それはスリッパやパン、椅子、王妃なら化粧品、お気に入りのイヤリングなど、死後の生活を楽しむためのものまであった。

	埋葬用品	日用品
全階層共通	棺 装身具	木箱バスケット 化粧品
中間層	シャプティ 彫像 花束、花輪 豊穣のシンボル 護符、心臓スカラベ カノポス容器	職業上の道具 杖 サンダル 衣類 椅子 ベッド 食物
中間層の上位	パピルス ゲーム ミイラマスク	石製・金属製容器 亜麻布 上記以外の家具
エリート層	多重棺 防腐処理した肉 特別な彫像（王族のみ？） オシリスベッド（王族のみ？）	ガラス器

※S･T･スミスの副葬品分類（Smith 1992 Table18より作成）

ナポレオンのエジプト遠征における、勇壮な姿を描いた19世紀の絵画。そこに惨めな敗軍の将としての姿はない。

ドミニク・ヴィヴァン・ドノンは芸術的才能よりも、エジプトの様子を描写し記録して、ヨーロッパに情報をもたらす才能に恵まれていたと言えるだろう。

ナポレオンがヨーロッパに古代エジプトをもたらした

ヨーロッパが古代エジプトと出会い、ミイラを世界中に知らしめるきっかけを作ったのが、ナポレオン・ボナパルトのエジプト遠征だ。

彼はエジプトを征服しようとしてイギリスと競ったが、連戦連敗となり熱帯の風土に不慣れな軍隊は悲惨な末路を辿った。

兵士たちの多くは寄生虫による眼病で失明し、またはナイルの水を媒介とするビルハルツ住血吸虫症にかかり命を失った。

ホルス神は、邪悪なものとの戦いで失った目が奇跡的に回復したところから、その目は死後の世界でも健康な生活が送れるためのお護りとされた。

しかし彼のこの無謀な遠征は、後世に2つの成果を残した。ひとつはオスマン帝国の属領だったエジプトを政治的に目覚めさせたことであり、もうひとつが古代エジプトの発見だった。

ナポレオンは遠征の際に175人の学識者も連れて行き、その中にはエジプト学の先駆者のひとりである画家、ドミニク・ヴィヴァン・ドノンなども同行していた。

彼はエジプトからフランスに何を持ち帰ったらよいかを、ナポレオンに進言する役割も担った。フランス帰国後彼は、ナポレオンに対し、征服した国からどの作品を略奪すれば良いかなども助言した。それらの作品は今日、パリのルーブル美術館の所蔵品となり、厳重に管理されているというわけである。

さらにナポレオン軍が、その後のエジプト学に大きく貢献したことのひとつに、ロゼッタストーンの発見がある。

これはナイル河口のデルタ地帯にある町、ロゼッタの近くで発見された黒色玄武岩の碑である。

そしてそこには古代エジプトの文字、ヒエログリフで書かれた『死者の書』と呼ばれる文字が並んでいた。

しかしその文字の解読は容易ではなかった。発見から約30年後、フランスの言語学者ジャン・F・シャンポリオンにより解読され始めた。

Mummy

ミイラ蘇生に必要だった口開きの儀式

死者がどのように復活するのかというと、それには「口開き」の呪術儀式というものが必要だった。それにより死者は、死後の世界で語り、食べ、見る機能を回復できると考えられた。この3つの機能の回復で、死者は蘇生すると信じられていたのだ。

Trivia

ミイラはどのように使われ利用されてきたか？

中世ヨーロッパにおいてミイラは、様々な形で利用された。それは今日の、遺体という厳かな概念でなく、ただ物体や道具としての使用法が考えられた。それらが考古学という学問の対象とされるようになるのは、19世紀後半まで待たなければならなかった。

道端でミイラ売りがミイラを売っている19世紀後半の写真。シュールな風景だが、ミイラ本人は死後自分がそんな目に遭うとは想像もしなかったに違いない。

ミイラの語源は「ミルラ」没薬を意味していた

現在の日本人がミイラについてイメージするとしたら、おそらくホラー映画のゾンビなど恐ろしげな化け物を想像する方が大半かもしれない。

しかしそのミイラが中世ヨーロッパはもちろん、江戸時代の日本でも飲み薬として利用されていたことを知ったら、多くの人はさぞかし驚かれるのではないだろうか。

実際日本におけるミイラという言葉の語源は、香料の没薬《もつやく》を意味するポルトガル語のミルラから来ていると言われる。

一方英語ではmummyと表記され、マミーと発音される。ギリシャ語でムーミア、オランダ語でもモミイ、ドイツ語はムミイエ、アラビア語ではムンミヤと発音され、どれも日本のミ

やはり道端でヨーロッパからの観光客相手に、ミイラの頭部を売っている（1900年頃）。お土産として大変な人気だったというから驚きだ。

ミイラの語源となった茶褐色の没薬＝ミルラ（左）と、ミルラの樹液を分泌するモツヤクジュの木（右）。

イラには変化しようがない。

海外では、アラビア語のムンミヤ＝瀝青《れきせい》（天然アスファルト）がその語源になったものと考えられているが、それらはムンミヤが瀝青を使用して防腐処理された遺体の意味を持つため、そう呼ばれた。

しかしこの瀝青は実際のミイラ作りとはなんの関係もなく、アラビア人が古くから瀝青を薬品として使っていたため、ミイラ作りにも使用されたと信じ、マミーの語源となったようだ。

コラム

便秘により腸が破裂して死ぬ寄生虫による恐怖の生活

古代エジプトではナイル河の水を媒介とした住血吸虫など、寄生虫により膀胱や腸に病気を抱えている人も多かった。血尿や極端な便秘により腸が破裂して死んだりしたため、当時の人々の平均寿命は30歳くらいだったとも言われる。

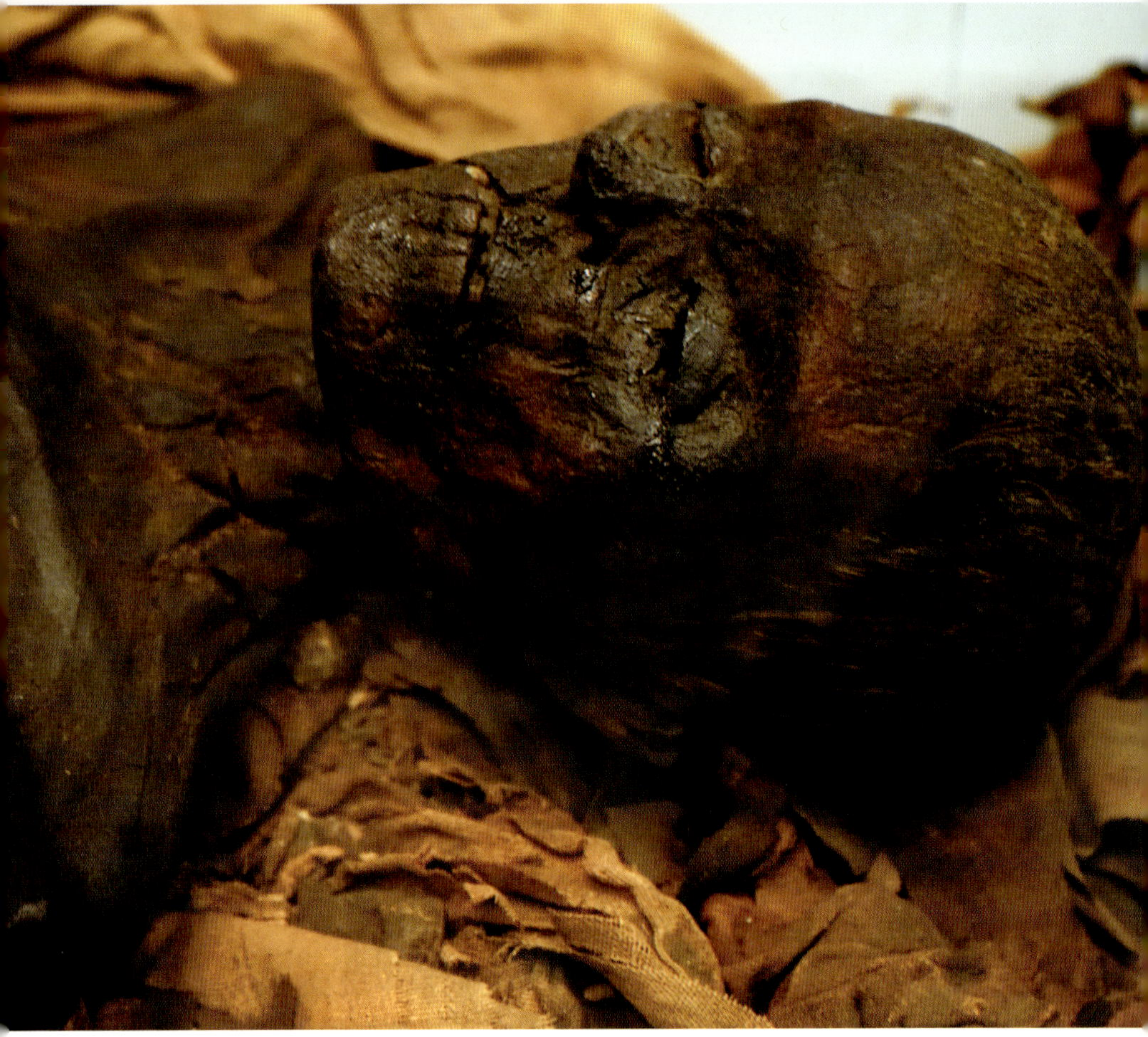

テーベで発掘された紀元前700年頃の女性のミイラ。19世紀以前に発掘されていれば、悲惨な運命を辿ったに違いない。

様々な使われ方をした悲惨なミイラたちのその後

ヨーロッパでは中世を通じてミイラが薬に使われ、多くの需要があった。腫れ物、骨折、脳震盪《のうしんとう》、麻痺、てんかん、咳《せき》、吐き気、潰瘍《かいよう》など、ほぼ万能薬として使用された。

しかし全ての医者がこの薬の効き目を信じていたわけではない。アンブロワーズ・ペレという著名な医者は、この薬が病人を助けるどころか悪化させると断じていた。心臓や胃の痛みを引き起こし、嘔吐感を呼び、口臭をひどくするとまで言っている。19世紀に入ると、さすがに薬として使用することもなくなった。しかしこの時代のエジプトには、まだミイラがいたる所に数多く存在していた。

農民がたき火に使ったり、芸術家はマミーブラウンと呼ばれる絵の具の材料にした。また作家のマーク・トウェインは、エジプトではミイラが蒸気機関車の燃料にされているとまで断言している。

つまりこの時代あたりまで、ミイラはとても悲惨な扱いを受けていたということである。

またヨーロッパでは、発掘されたミイラを公開の場で解包するなど、見世物やショーとして人気を博した。そのためミイラや遺物を見世物にして金儲けをする人々も横行した。

コラム

ミイラの布はどれくらいの長さになるのか？

エジプトミイラの全身を覆う包帯が、一体どれくらいの長さになるのかというと、大小全部の布をつなぎ伸ばしていくと、約300〜400mほどの長さと言われている。目や口、耳など弱い部分やとがった所には、折りたたんだ布を丁寧に当てた。

有名なところでは、イタリア出身のフランス人ベルナルディーノ・ドロヴェッティと、イギリス人のヘンリー・ソールト。

彼らは古代の遺物の卸売業者と名乗り、大儲けをした。

しかしこうした略奪もエジプトの考古学の創始者と言われるフランス人、オーギュスト・マリエットの登場により、変化していくことになる。

相変わらず公開でのミイラ解包は人気だったが、マーガレット・マレーのようにエジプト学の学問として熱心に研究の対象とすることが主流となっていく。

マーガレット・マレー　1863年生まれのイギリス人考古学者。アビドスの発掘調査で1903年にオシレイオン寺院を発見した。

1908年にマーガレット・マレーが公開したミイラ解包の様子。「ふたり兄弟」と呼ばれる2体の解包が行われた。

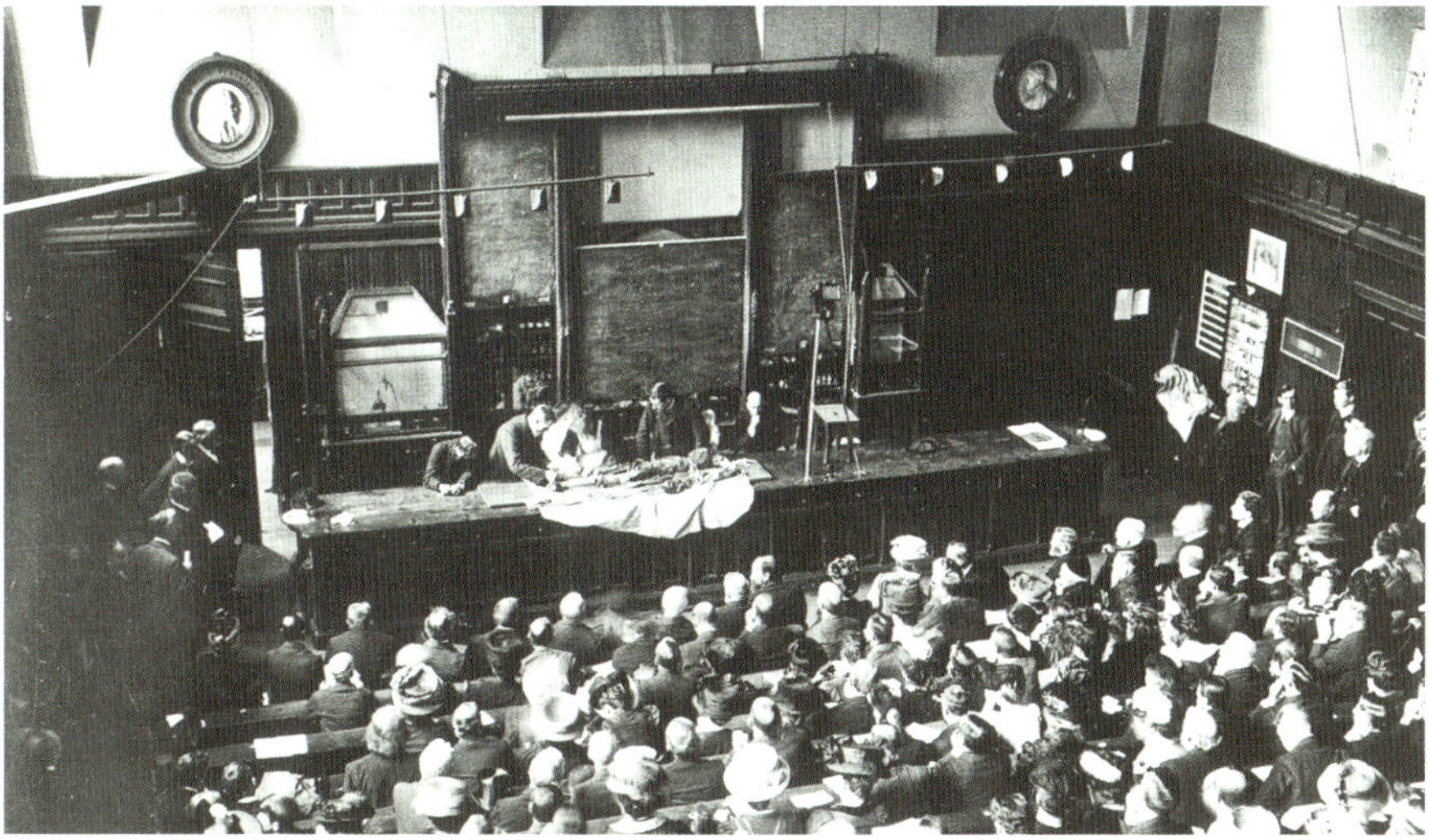

エジプトのミイラたちはどんな病で亡くなったのか？

ミイラの調査研究は、古代史や考古学の分野にとどまらない。ミイラ研究により、人類が昔から被ってきた寄生虫による病気や、様々な感染症の存在も分かるようになった。それらは最新科学機器によって、当時の人々の暮らしや様子まで教えてくれるのだ。

第21王朝テーベの王の妻で、女王ノジメのミイラ。顔の形を保つため、中にオガクズがいっぱいに詰められ、眉毛も人工的で、かつらが被せられている。

細菌の存在を知らない人々は様々な感染症に悩まされた

古代エジプトにおいて、人々はどんな病に冒されどのように生きていたのか。そうした状態も、Ｘ線やＣＴスキャン、内視鏡、ＤＮＡ分析といった最新の科学機器による調査研究でわかるようになった。

例えばアルスという女性ミイラは、イギリスのマンチェスター博物館で４人の研究者によって、１９７０年代の初めに調査が開始された。

それによると、このアルスが生前呼吸困難で咳をしたり、血便を伴う下痢や慢性的な胃痛に悩まされていたこともわかった。ストロンジロイドという寄生虫による感染が主な原因だったが、他にもアルスは肺に嚢《のう》胞《ほう》を持っており、それは犬の糞による寄生虫が原因だった。当時エジプ

ナイル河はエジプトに豊かな実りをもたらす貴重な水源であるとともに、昔から寄生虫を媒介する源でもあった。

トの人々は、こうした病気が細菌による感染から引き起こされることを知らなかったため、食事の前に手を洗う習慣もなかったと考えられる。

アルス以外のミイラに関しても、1990年代にかけて行われた顕微鏡検査や内視鏡、徹底的なCTスキャンといった調査で、ミイラたちがどんな病気や症状を持っていたかもわかってきた。

ジェドと呼ばれる別の女性のミイラは、奥歯に巨大な嚢胞を抱えていた。彼女はそれが原因で亡くなったようだが、それは当時のエジプト人のほとんどが砂混じりのパンなどを食べるため、歯が摩耗して歯槽膿漏や歯からの感染症にかかっている人が多かったことも示していた。

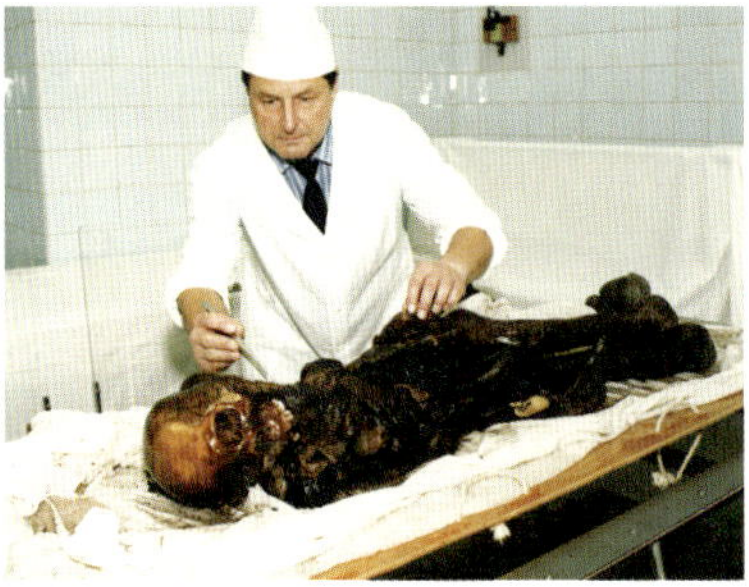

1990年代になると、ミイラは最新の科学機器による分析の対象として、世界中の科学者が注目した。

Mummy

歯の激痛で悲惨な末路
最新科学でわかるミイラ

ジェドと呼ばれた女性ミイラは奥歯に2.54cmもある巨大な嚢胞を抱え、激痛に苦しんでいた。彼女の最後はその嚢胞がついに破裂し、感染した膿が全身を回り、それによって死を迎えたと見られる。さぞかし悲惨な最期だったに違いない。

Trivia

Mummy Column Vol.1

仏教学者　佐々木閑

それぞれに違っている ミイラになりたかった動機

ミイラというのは、亡くなった人の遺体の状態を表す言葉です。焼いて骨にするか、埋めて土に戻すか、刻んで鳥に食べさせるか、遺体の処理方法は様々ですが、そのうちで、乾燥と防腐によって、在りし日の姿をできるだけ留めようとする処理方法がミイラなのです。

たまたま死後の環境のせいでミイラになってしまった人は別として、この世には、「私はどうしてもミイラになりたい」と考えて自ら進んでミイラになった（あるいはミイラにしてもらった）という例がいくつもあります。

エジプトのミイラもそうですし、日本の各地に残る即身仏の僧侶たちも皆そうです。他の葬送方法とは違って「姿がそのまま残る」というところに、独特の効果が想定されていたのでしょう。

しかしミイラになった人を、「ミイラになった」という共通点だけでひとくくりにするのは大間違いです。「なぜミイラになりたかったのか」というその動機がそれぞれに違っているからです。

エジプトのミイラは、「自分の幸せがいつまでも続きますように」という、人が本能的に持っている欲望の感情を具現化したものなのです。

苦しむ人々を救いたい という強い慈悲の思い

エジプト人は、死後も魂が残って、それが生前と同じようにこの世で活動を続けると考えました。そして、その魂の住みかが遺体です。

ですから、遺体をしっかり保存しておかないと魂の居場所がなくなってしまうのです。これはつまり、「今の自分の生活を、死んだ後もずっと続けたい」という我欲の表れです。

エジプトのミイラは、「自分

▼プロフィール

佐々木閑　（ささき・しずか）
仏教学者。京都大学工学部および文学部哲学科卒。文学部大学院博士課程からカリフォルニア大学バークレー校に留学。現在、花園大学教授。専門はインド仏教史、仏教哲学。著書に『大乗仏教―ブッダの教えはどこへ向かうのか』（NHK出版）、『ネットカルマ　邪悪なバーチャル世界からの脱出』（KADOKAWA）、『ブッダに学ぶ「やり抜く力」』（宝島社）など。

の幸せがいつまでも続きますように」という、人が本能的に持っている欲望の感情を具現化したものなのです。

これに対して、日本の即身仏は全く逆で、お坊様たちは究極の修行として「自ら死ぬ」という道を選び、それによって仏になろうと考えたのですが、それは決して自分が幸せになりたいからではありません。

仏となり、その力で苦しんでいる多くの人々を救いたい、利益を与えたいという強い慈悲の思いでそうしたのです。

だからこそ、死後も姿を留めて皆を救い続けるために、自らミイラになったのです。

エジプトのミイラを拝む人は誰もいませんが、即身仏は今でも参拝者が絶えません。「ミイラいろいろ」、大切なのはミイラになった人の心の在り方なのです。

第2章

LATIN AMERICA

中南米のミイラ

南米のアンデス山脈が連なる太平洋沿岸部や、現在のメキシコ南部以南の地域には極端な乾燥砂漠地帯もあり、遺体が自然にミイラ化した。同時にそこでは古代からミイラ文化も芽生え、独特の埋葬習慣が形成された。

幼い命を亡くした者の思いが込められる

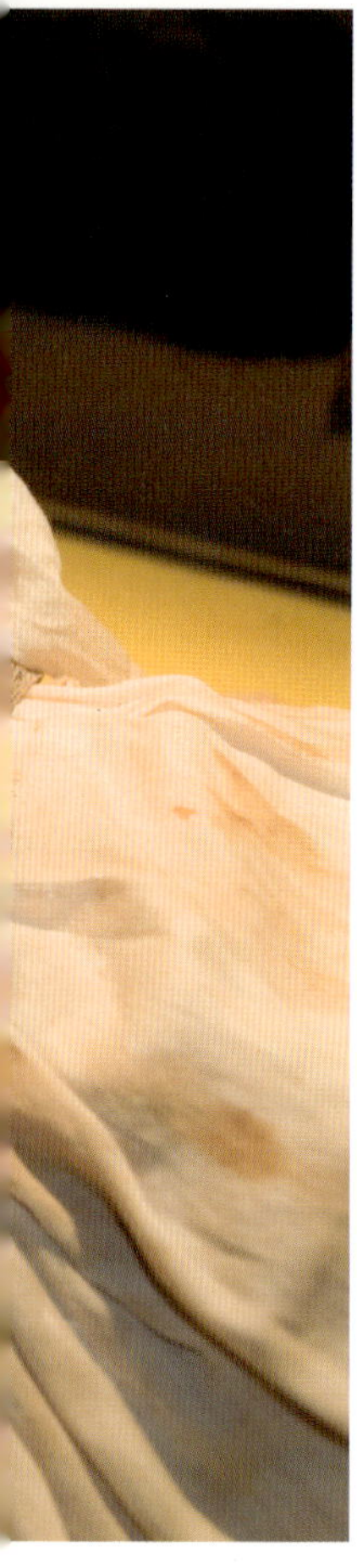

アンデス文化において、高い山の山頂は神聖な場所とされた。生贄たちはその山頂に葬られ、近年自然ミイラとして完璧な形で発見されたのだ。

メキシコのグアナファトにあった墓地では、埋葬税を払えなかった貧しい者たちのミイラが展示され、現在ミイラ博物館となっている。

古代インカ時代の生贄台。生贄とされる存在は汚れのない少女やリャマなど、インカ人にとって大切なものであることに意味があった。

死んでもなお家族の一員だった インカのミイラたち

世界最古のミイラが存在するアンデス地域。アンデス山脈の西側に連なるペルーなどの沿岸砂漠地帯は、昔からミイラができるには最適な自然環境だったとも言える。そんなアンデス地域で、インカ帝国による独自のミイラ文化が形成された。

最盛期におけるインカ帝国の領土面積は、南北4000㎞にも及ぶ広大なものだった。

ミイラ文化発祥の中心地 アンデス地域が生んだミイラ

ミイラといえばエジプトというのが、一般的なイメージかもしれないが、実は世界最古のミイラが発見されているのは南米である。

そして世界におけるミイラ文化発祥の中心地こそ、現在のペルーからチリ、アルゼンチンにかけて広がるいわゆるアンデス地域なのだ。そこにはかつて５００年ほど前まで、人々がインカ帝国と呼ぶ文明を築いており、また独自のミイラ文化も存在した。さらにその文化の中でミイラは死者ではなく、生きている人と同じように扱われていたのだ。

人々は大切な家族の誰かが亡くなったとき、死者の肉体をミイラとして残し、今まで同様に家族の一員として日々会話する暮らしをしていた。

そんなミイラ文化を持つ国は、他にどこにもないと言える。

インカ帝国はその文明の最盛期において、現在のコロンビアからエクアドル、ペルー、ボリビア、チリ、そして南はアルゼンチンの6カ国、南北約４０００㎞にまで及ぶ広大な領土を誇った。

その勃興から衰退、消滅まで時期により大きさに変遷はあるが、領土拡大の過程で実はミイラがひと役買っていたというのも興味深い話だ（詳細Ｐ50〜）。

インカ文明以前のパラカス文化時代、紀元前３世紀頃に
作られたと思われる女性ミイラ。

中南米のミイラ

家族が副葬品に込めたミイラへの思いとは？

アンデスのミイラたちは、その身と一緒に様々な副葬品をまとう。それらは死者が死後の世界を生きる上で不自由しないようにと、家族が思いを込めて生活用品や食料品などを収めたからだ。そしてミイラは、その後も家族と同様に一緒に生活を送るのだ。

食器類などの副葬品は、縄で体に巻き付けられたりもした。死後の世界で死者が生活に困らないようにとの、家族の願いが込められている。

死体がそのまま残る環境では生と死の境目がない

年間雨量がわずかで、乾燥した沿岸砂漠地帯を持つアンデス地域では、昔から埋葬した死体も自然にミイラとなって残っていた。

そうした文化の中では自ずと、人々の死生観も我々日本人と大きく異なるものになるのは自然なことだろう。

埋葬して埋めた死体がずっとそのまま残っている文化では、死者が無に帰ることもなく、生と死の間に境目がないようにも感じられたに違いない。

そのような理由からか、この地のミイラは一緒に埋葬される副葬品にも面白い特徴がある。

例えばペルー南部のイロで発掘された子供のミイラでは、漁に使われる木製のイカダの模型から、毛糸を紡ぐための糸車、

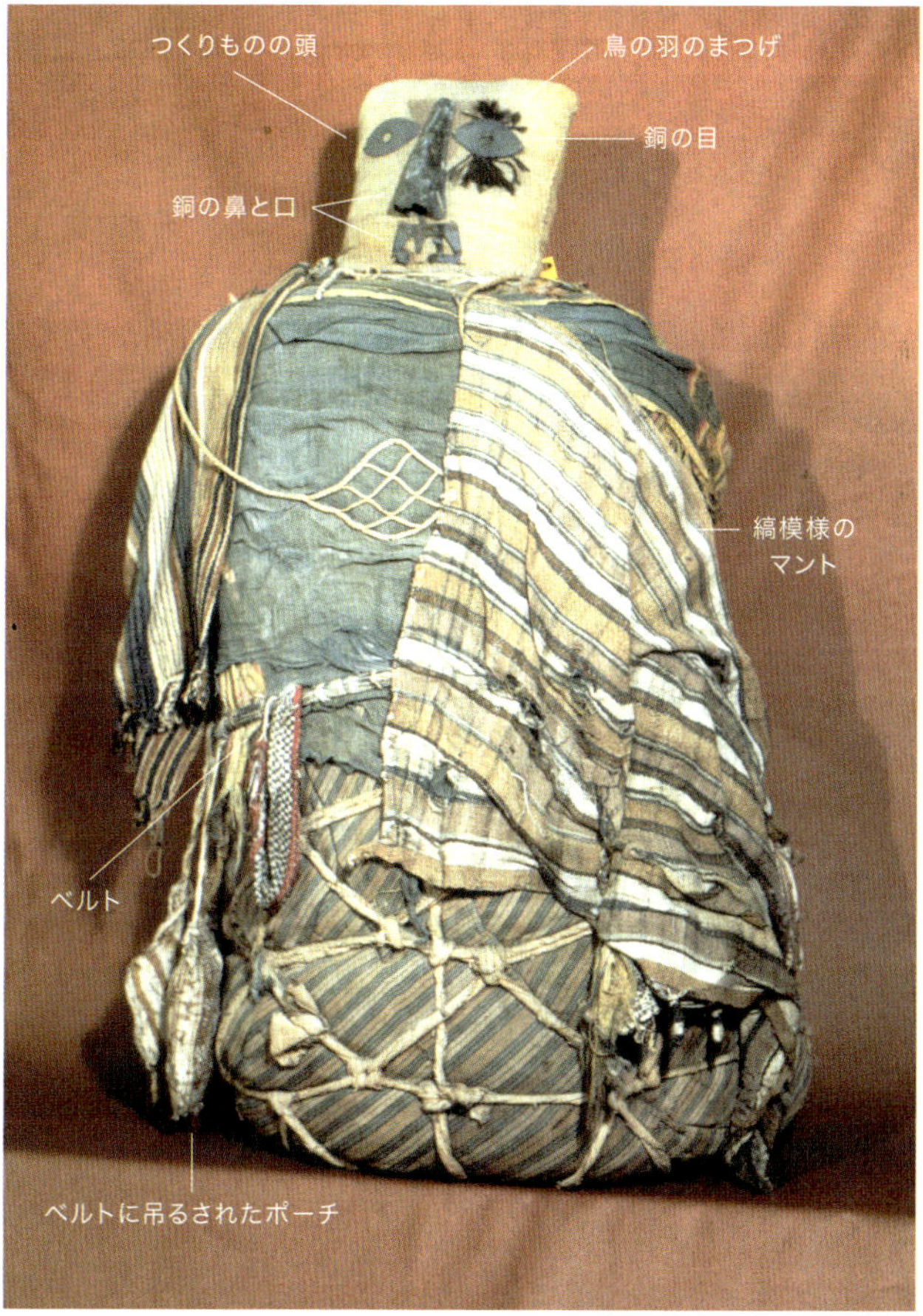

トウモロコシや穀物類も、死者がお腹を空かせることがないようにと、副葬品に納められた。

機織りの道具に使われるリャマの骨、壺や水差し、土器などの食器類、ひょうたんの水筒、サボテンのトゲでできたクシといった生活用品が見られた。

また数多くの食器類と共にあったのが、穀物やイモ、トウモロコシ、クイと呼ばれる食用ネズミ、さらに木製の匙《さじ》にはカボチャのスープの痕跡まであり、食料も豊富に残されていた。

そうした副葬品には、その子供ミイラに対する家族のどんな思いが込められていたのだろうか。

この地では死後も人生は続くと考えられていた。そのため、死者が生活や食料に不自由しないよう思いを込めて、生活用品や食料をミイラの中に収め、一緒に生活したのだ。

Mummy Trivia

アンデスのミイラが四角い形をしているワケ

ナスカ時代を境にして古代ペルーのミイラは、遺体を保護するため、柔らかい布で包んだ後、簾や竹組みで囲みサイコロ形になった。その囲いの上からさらに大きな布を巻いたりかぶせたのだ。そして「置き頭」と呼ばれる縫いぐるみ式の飾り頭を載せた。

皇帝ミイラを利用した領地拡大の戦術と滅亡

エジプト同様に、インカ帝国でも王たちのミイラは高度な製作技術で作られていた。人々にとって神にも等しい存在の国王は、死者となった後にも生きている時と同じく、そのまま権勢を誇っていた。侵入して来たスペイン人たちはその文化を恐れた。

[インカ帝国領土の年代推移]

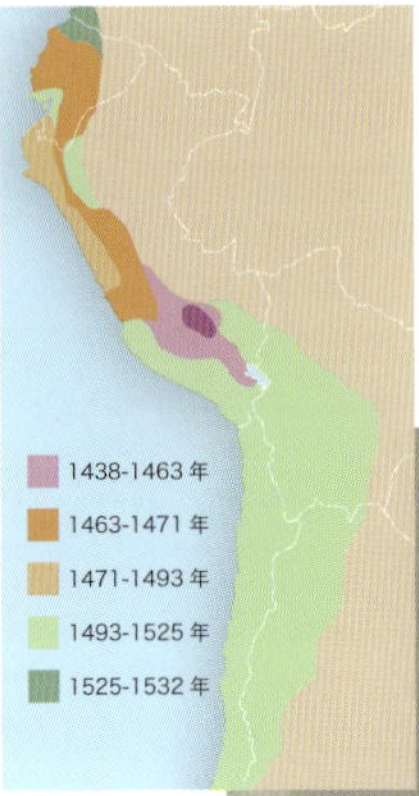

インカ帝国はペルー南部高地の小部族の連合組織として誕生し、8代目のパチャクテク（在位1438～71年）のたった33年の在位中に、その領土を約1000倍にした。そして9代目のトパ・インカ（在位＝1471～93年）が中央アンデス全土を統一し、新大陸最大の帝国にした。

スペインに占領されるまでの、インカ帝国最後の皇帝となったアタワルパの石像。

薬草研究が盛んなインカ ミイラ作りにも応用された

イロの海岸地帯などで発見される一般ミイラに比べて、やはりインカ帝国の王たちにはエジプト同様高度なミイラ作りの技術が応用されていた。

しかし文字文化を持たないアンデスでは、それらの記録は全てスペインから来た年代記者などによって記録されたものが手がかりとなっている。

まず腹を切り裂いて内臓を取り出す。摘出された内臓は香料をまぶし、ファコと呼ばれる葬儀用の入れ物に収納され、クスコ郊外のタンプという寺に納められた。そして植物から採った芳香剤や香水、タロ芋の皮などを腹の中に詰め込んだ。

また口から腹の中に香料を流し込み、それから特別の発汗室に入れ、太陽熱に当てたり熱風

アンデス地域には文字文化というものがなかった。しかし彼らは文字の代わりにキープと呼ばれる何本もの紐を使い、記録やコミュニケーションの道具としたのだ。

を送り込んで乾燥させたと伝えられる。

アンデスでは薬草知識が進んでいたので、薬草の様々な効能を利用したと考えられる。特に皮膚を美しく保つ保存技術があったようで、年代記者たちはそれを「まるで生きているよう」と称賛した。

しかし残念ながら、こうした王族のミイラはひとつとして残っていない。それらは全て侵入して来たスペイン人たちに奪われ、あとかたもなく消滅してしまった。

スペイン人たちはインカ帝国の独特のミイラ文化を恐れていたためである。なぜならインカの人々にとって、王の存在は神にも等しく絶対的なものであっただけでなく、死後もミイラとなり生きている時と同様の権勢を誇っていたからである。

[歴代サパ・インカ(インカ皇帝)]

<1197-1572年>

支配体制	皇帝名
クスコ王国 初期王朝 (下王朝)	マンコ・カパック シンチ・ロカ リョケ・ユパンキ マイタ・カパック カパック・ユパンキ
第2王朝 (上王朝)	インカ・ロカ ヤワル・ワカ
1410年	ウィラコチャ ウルコ1 パチャクテク
インカ帝国 (第2王朝 / 上王朝)	パチャクテク トゥパック・インカ・ユパンキ ワイナ・カパック ニナン・クヨチ1 ワスカル アタワルパ
スペイン占領下	トゥパック・ワルパ マンコ・インカ・ユパンキ パウリュ・トゥパック・ユパンキ1 カルロス・パウリュ・インカ1
新インカ帝国 (ビルカバンバ亡命政府)	マンコ・インカ・ユパンキ サイリ・トゥパック ティトゥ・クシ
1572年	トゥパク・アマル

インカ帝国はミイラ文化と共に領土を拡張したが、国王たちは死後もミイラとして権勢を誇ったため、それぞれの王の側近たちによる権力闘争なども生じた。

ヨーロッパから騎馬文化を持ち込んだスペイン人たちは、インカに様々な感染症ももたらした。それにより、彼らの人口も激減してしまった。

死後も生きている時と同様権勢を振るい続ける皇帝

インカ帝国は拡張するにつれて、西海岸の沿岸砂漠地帯の領土を取り込んだ際に、同時に現地のミイラ信仰も取り込んでいった。つまり死者は死後も生きている時と同様に存在し、生者と共に暮らすという文化である。

それにより歴代の皇帝はこの信仰を領土拡張にも利用した。略奪した土地の人々の人心を掌握し、権威の保持にも都合が良かったのだ。

例えばアマゾンに接したチャチャポヤス地方を征服する際には、その地域で昔から信仰されていた崖の中腹に先祖の骨を埋葬する習慣に対し、それらの骨を排除し、代わりにインカの身分の高い者のミイラを配置したのだ。勇猛だったチャチャポヤス族にとって、崖の中腹に埋

スペイン人征服者ピサロの前で、群衆に取り囲まれながら処刑されるインカ皇帝アタワルパ。

葬された先祖の骨は心の拠り所だった。インカはその骨の代わりにミイラを配置することで、チャチャポヤス族の心まで支配した。このようにしてインカ帝国は、アンデス地域全土に瞬く間に領土を広げ、中央集権体制へとすり替えさせたのだ。

また歴代皇帝たちは死後も、このミイラ文化の信仰によって権勢を振るった。歴代皇帝たちにはそれぞれその時代の側近たちがおり、彼らは自分たちの既得権や財産を保持しようとした。

Mummy Trivia

死後も宮殿で君臨し続けたミイラ皇帝たちの生活

ミイラは死後も生き続けていたため、時代が経つほど皇帝の数が増えることになる。ミイラ皇帝たちがどのように君臨したかというと、クスコにある太陽神殿と呼ばれる建物や、それぞれの住んでいた宮殿に死後も住み続け、君臨していたというのだ。

インカの人々が皇帝ミイラを崇める様子は、スペイン人たちによって描写され記録された。

完膚なきまでに破壊され処分された皇帝ミイラたち

ミイラとして皇帝が生き続けるインカにおいて、新しい皇帝は前皇帝からの遺産を相続できず、権勢を誇るためには新たな領土を獲得するしかなかった。

しかしこのことにより16世紀の後半になると、インカは思わぬ危機を迎えた。つまり皇帝が代替わりするたびにミイラ皇帝が増えたため、生きている皇帝の権力を凌ぐほどミイラ皇帝やその取り巻きたちの権力が増し、現皇帝が統治しにくくなって来たのだ。

現皇帝は歴代皇帝のミイラとその取り巻きたちに、おうかがいを立てなければならなかった。そのため、ついに堪《たま》りかねた皇帝ワスカルは一大決心をして、それまでのミイラの全財産を没収し、墓に葬ることを宣言した。それにより国は大混乱をきたした。そしてそこにつけ込んだのが進出して来たスペイン人たちである。そのことで強大なインカ帝国はあっけなく滅びてしまった。征服者のスペイン人は、永遠に生き続ける皇帝ミイラと、それに対する人々の信仰や忠誠心を見て恐怖した。そのため国中のミイラがスペイン人たちの手により、完膚なきまでに処分されたのだ。

太陽の神殿に安置されていたインカ帝国歴代の皇帝ミイラたちは、いずれも現存していない。

インカの人々は焼かれて灰になってしまったミイラにまで礼拝していたが、スペイン人たちはそれすら探し出し、捨て去った。

皇帝のミイラだけにとどまらず、国中のミイラというミイラは処分され、火あぶりにされ、ミイラを隠す者も弾圧されたり処刑された。インカ帝国を支えた精神的な支柱は破壊され、消し去られたのである。そして人々は改宗させられ、敬虔なキリスト教徒となったのだ。

Mummy

ミイラの屈曲位姿勢は体を保護する目的から

エジプトのミイラは足を伸ばした姿勢だが、アンデスのミイラは両膝を顎の下に抱え込む屈曲位の姿勢だ。インカのミイラはエジプトのように堅牢な棺に納めることがなかったので、ミイラを保護するためそのような姿勢を取らせたと考えられる。

Trivia

インカ以前の紀元前３００年頃パラカス文化の時代に作られた女性ミイラ。インカの皇帝ミイラはスペイン人たちにより処分され、発見することができない。

生贄にされた子供ミイラはどんな最期を迎えたか？

古代からアンデス山脈が連なる山々の頂を、神聖な場所と考えていたこの地域の人々。彼らはその神聖な場所に、自分たちの大切なものを生贄として捧げることで、神々への崇敬と様々な願いを込めてきたのだ。

長大なアンデス山脈が連なる山々の頂は、インカ以前の昔から この地の人々にとって聖なる地として崇められる場所だった。

子供たちのミイラが山頂で完璧な形で発見される

1999年に、チリとアルゼンチンの国境近くに位置するユヤイヤコ山の頂上付近で発見された子供たちのミイラは、ミイラ研究者に大変なセンセーションを巻き起こした。

6700mという呼吸も困難な場所で発見された3体の子供ミイラは、冷凍状態のまま、まるで眠っているように自然で完璧だった。

ひとりの少女の顔は黒焦げになっていたが、幼い男の子は頭に羽飾りをつけ、美しい服をまとい、銀の腕輪をつけていた。

さらに10代くらいと見られる少女は、まるで生きているかのようだったと、ミイラ発見者のヨハン・ラインハルド博士は言った。

顔が黒焦げになっていた少女は、ミイラ化した後のある日、偶然落雷に直撃されたことによるものと推測された。

そしてこれら3体のミイラは、インカ時代に生贄《いけにえ》として捧げられたものであることもわかった。

インカの生贄について書かれたスペイン人の年代記によると、人々は山の上の聖なる場所に生贄を捧げ、その生贄には幼い子供が選ばれたこと、さらに金銀や衣服、食べ物などを供物として一緒に捧げたという。その後3体の調査が進むにつれて様々なことがわかってきた。

少女の髪は丹念に編み込まれている。コカの葉やトウモロコシで作られたビールを飲み、朦朧とした意識のまま眠るように亡くなったと思われる。

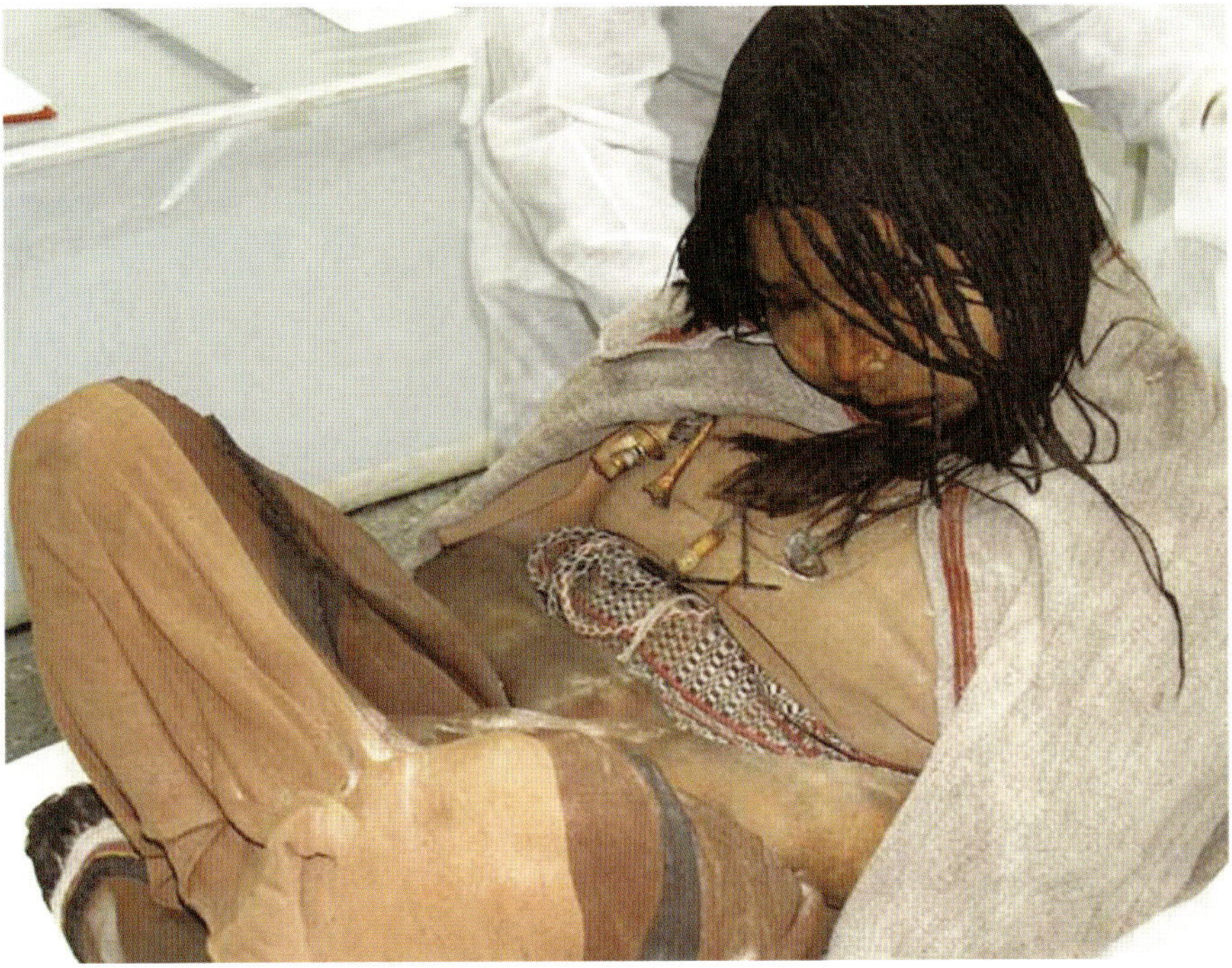

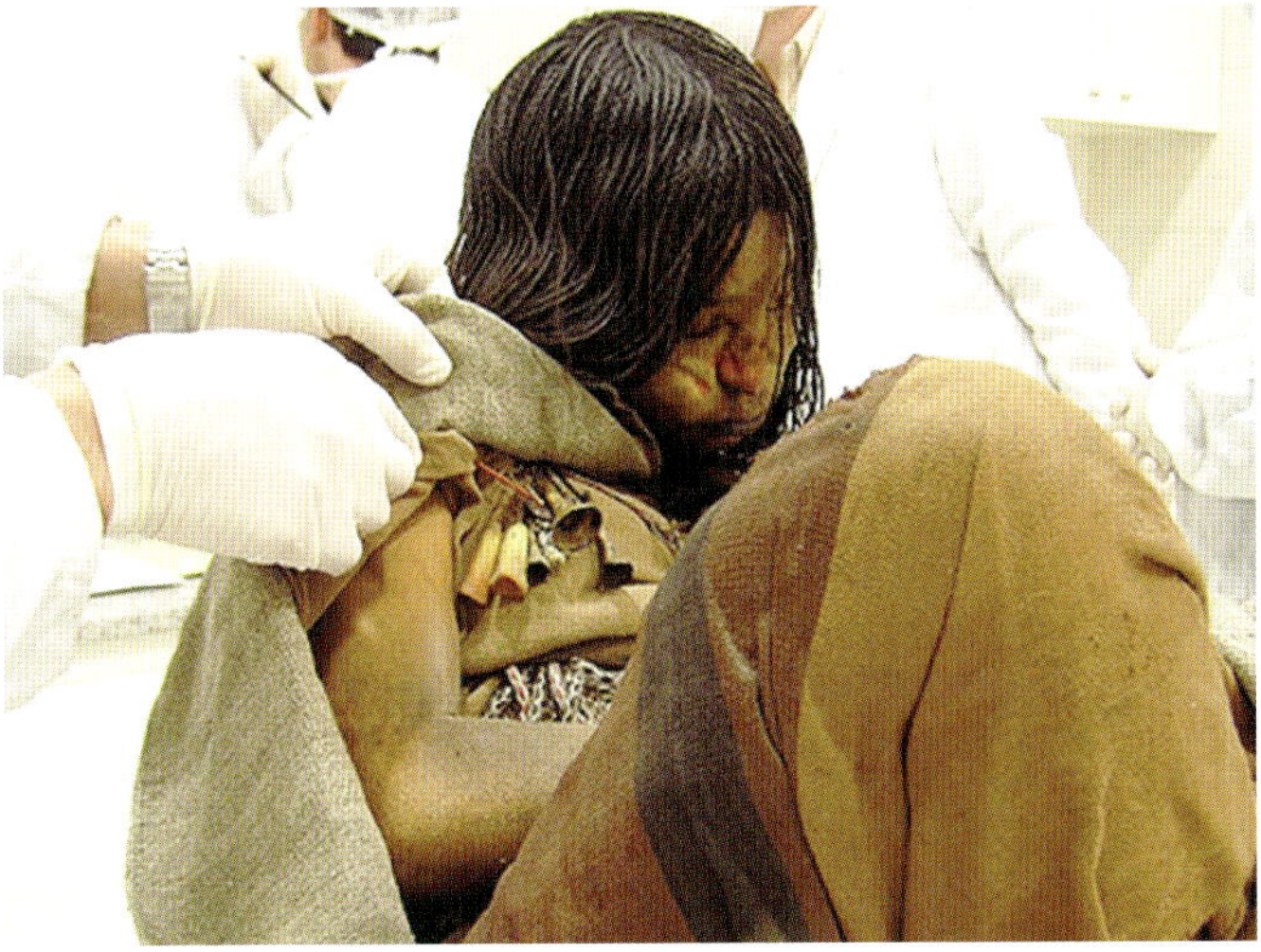

年長の少女は15歳であること、そして胃の中には食べ物が残った状態で、満腹のままお酒に酔い、眠るようにして亡くなったに違いないこともわかったのだ。

現在も残り、世界遺産にも登録された
マチュピチュの生贄台。

牧畜で暮らすアンデスの人々は、大切なリャマの
心臓を年に一度、生贄として神々に捧げた。

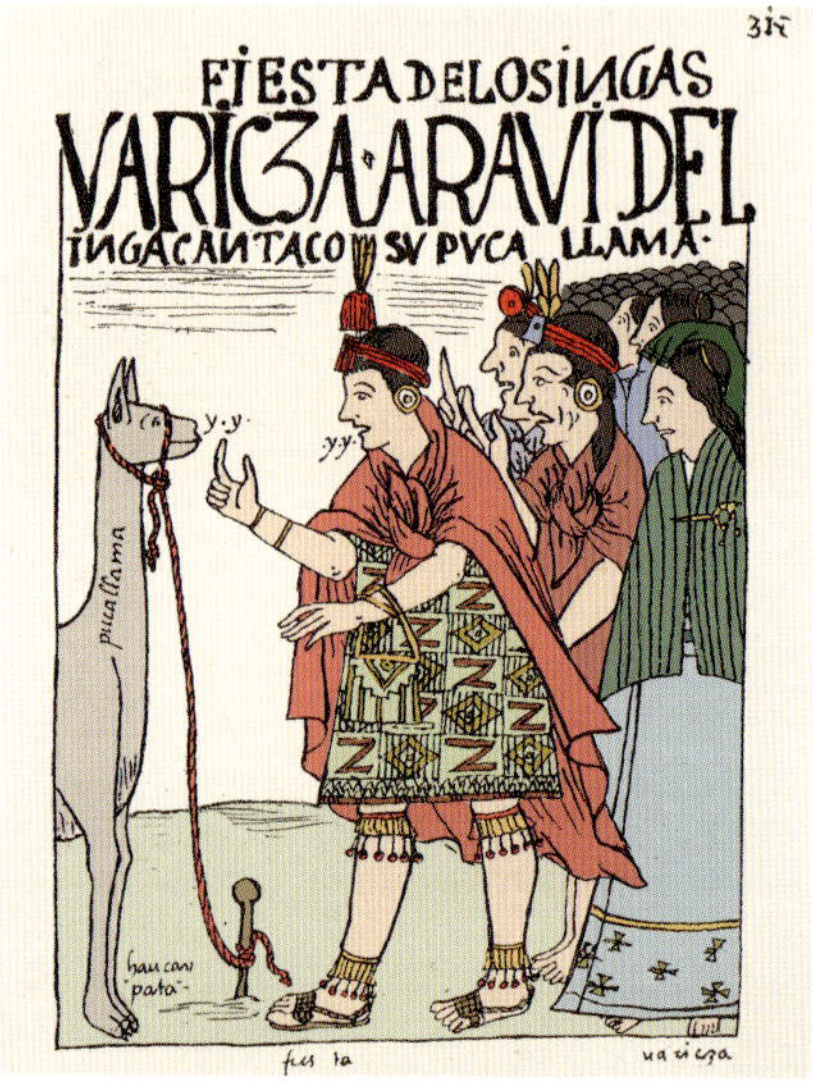

インカ帝国を維持するため利用された生贄たち

インカの人々にとって生贄の風習は、広大なインカ帝国を維持するために必要な装置だったという。

それは少女たちと共に発見された、副葬品の豪華さからもわかるものだ。

15歳の少女が身につけていた真っ白な帽子は、動物の皮と熱帯の鳥の羽で作られており、身分の高い人しか身につけられない物だった。

これは少女がインカ皇帝の近くに仕え、「太陽の処女」と呼ばれる特別な身分の者だったことが推測できるという。

また少年や雷に打たれた少女が身につけていた物、そして一緒に埋められていた副葬品類も非常に豪華で特別な物だった。

それらの品々は、生贄にされ

本人が望んでいないにもかかわらず、生贄とされた者も数多くいたに違いない。

た場所の周辺では手に入らないような副葬品であり、帝国の都であったクスコや、南米最大の湖であるチチカカ湖周辺で作られた特別な物だったのだ。

つまり子供たちは、遠く都のクスコからこの地方まで連れて来られ、この地への感謝や敬意を表するための生贄として捧げられたのだ。

そうすることで帝国は広大な中央集権国家を維持し、人々の結束を固めるために利用したというわけである。

Mummy Trivia

死者の姿をよく見せるため死体をうつむかせた配慮

人間は死ぬと頬の筋肉が緩むため、自然に口が開いてくる。このことを熟知していた古代ペルー人たちは、ミイラの顔をうつ向き加減にしていた。そうすれば首で下顎の開きが止まるため、口が開かない。死者の姿をよく見せるための技術だった。

中南米のミイラ

何ゆえミイラたちは変形頭蓋となったのか？

アンデスのミイラには、その頭蓋骨に著しい特徴を持つものが見られる。それらはまだ頭蓋骨が柔らかい成長期に、人為的な力により歪められ変形されたものだ。そうした風習の理由は定かでないが、何らかの願いや祈りが込められたと見られる。

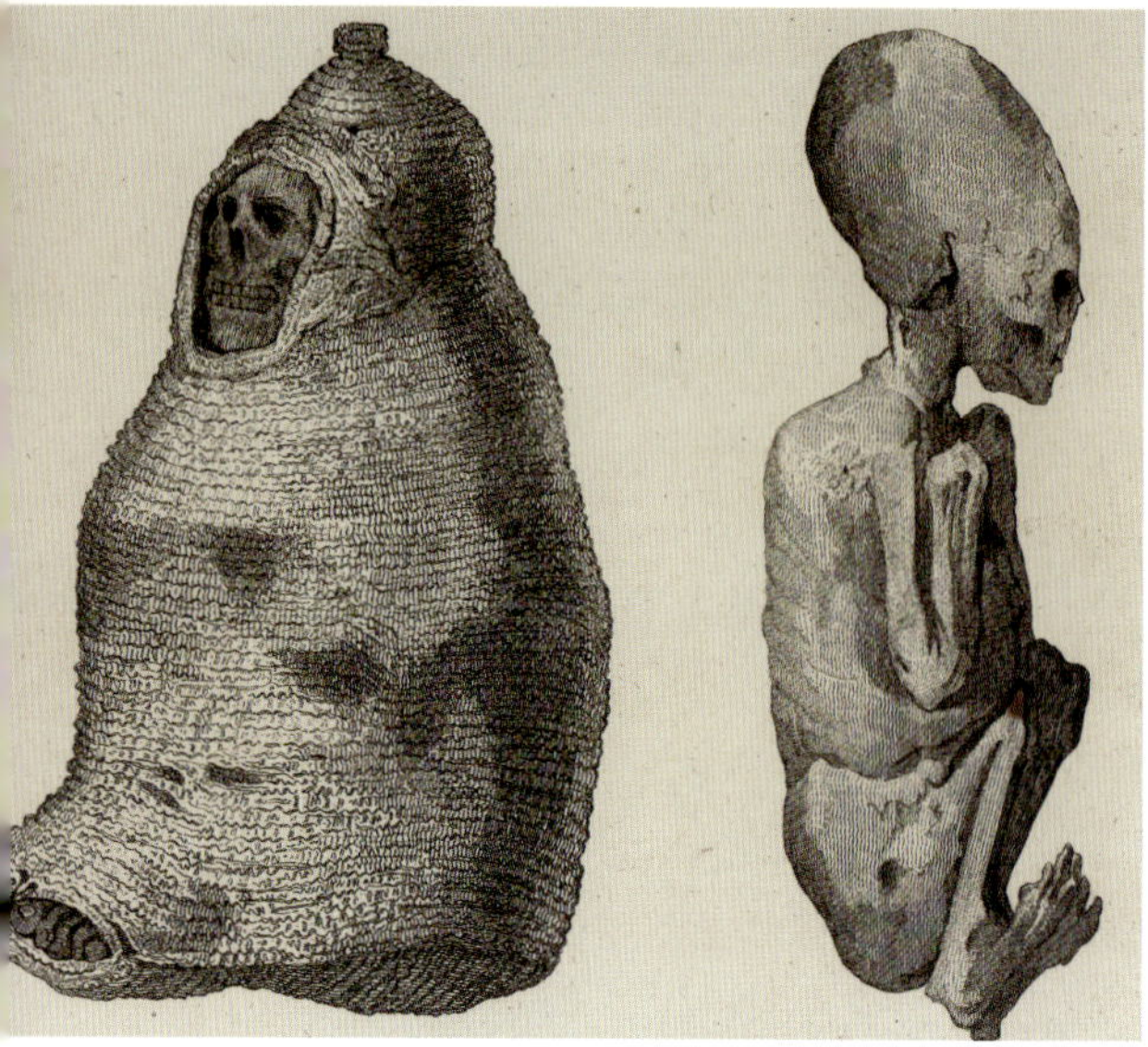

アイマラで発見された古代ペルーのミイラ。屈曲位の姿勢で編み込まれた袋の中にあった。

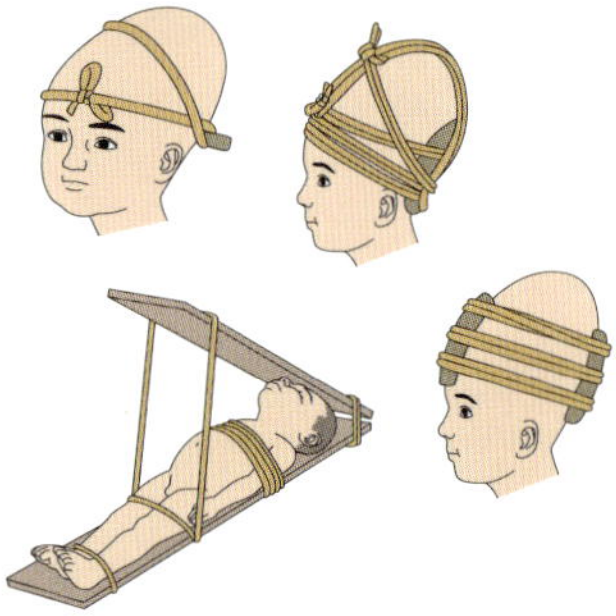

頭蓋の変形方法

まだ頭骨が柔らかい幼少期に、矯正器具によって頭蓋を変形する様子。小さい子は泣き叫んで嫌がったかもしれない。

布巻きや矯正器具で人為的に変形された頭蓋骨

古代の人体を発掘して、骨の形態学的な観察をする形質人類学の研究において、アンデスのミイラたちの中には極めて困難な対象となるものがあった。

それはミイラの頭蓋骨の形が人為的に歪められ、変形しているものが多かったからである。

人類学者は頭の形状などを計測して、他の部族との系統を研究したりするが、このような風習を持つ部族のミイラでは他の集団との比較ができない。

頭蓋骨を歪めるそうした風習は、かなり長期間に渡って行われていたようだ。

これらの頭骨は、人間がまだ成長過程にある幼い内に頭を押さえつけ、あるいは布でぐるぐる巻きにして変形させたものと見られる。

愛読者カード

このハガキにご記入頂きました個人情報は、今後の新刊企画・読者サービス
参考、ならびに弊社からの各種ご案内に利用させて頂きます。

●本書の書名

●お買い求めの動機をお聞かせください。
1. 著者が好きだから　2. タイトルに惹かれて　3. 内容がおもしろそうだから
4. 装丁がよかったから　5. 友人、知人にすすめられて　6. 小社HP
7. 新聞広告（朝、読、毎、日経、産経、他）　8. WEBで（サイト名
9. 書評やTVで見て（　　　　　　　　）　10. その他（

●本書について率直なご意見、ご感想をお聞かせください。

●定期的にご覧になっているTV番組・雑誌もしくはWEBサイトをお聞かせくださ
（

●月何冊くらい本を読みますか。
（　　　　　冊）

●本書をお求めになった書店名をお聞かせくださ
（

●最近読んでおもしろかった本は何ですか。
（

●お好きな作家をお聞かせください。
（

●今後お読みになりたい著者、テーマなどをお聞かせください。

ご記入ありがとうございました。著者イベント等、小社刊行書籍の情報を
書籍編集部HP ほんきになるWEB（http://best-times.jp/list/ss
のせております。ぜひご覧ください。

郵 便 は が き

お手数ですが
62円分切手を
お貼りください

171-0021

東京都豊島区西池袋５丁目26番19号
陸王西池袋ビル４階

KKベストセラーズ
書籍編集部行

ところ 〒

メール @ TEL ( )

(フリガナ)
おなまえ

年齢 歳
性別 男・女

ご職業
会社員
公務員
教 職（小、中、高、大、その他）
無 職（主婦、家事、その他）
学生（小、中、高、大、その他）
自営
パート・アルバイト
その他（ ）

アンデス南部の海岸地帯にあるパラカス遺跡などで見つかった、円錐形変形タイプの頭蓋骨。

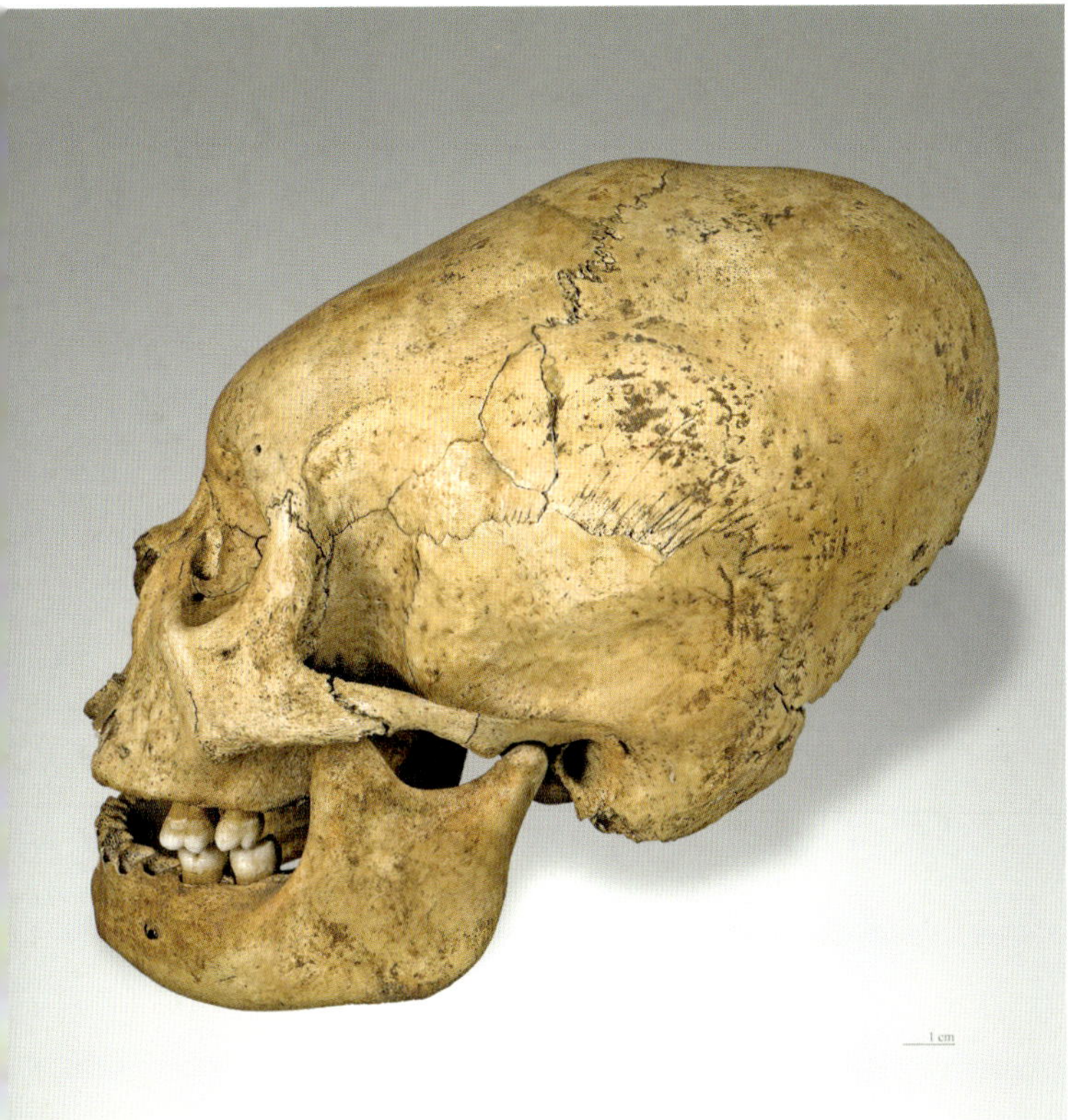

そのような矯正器具をつけたまま埋葬された子供のミイラも発見されている。彼らがなぜそうした風習を持ち、その形にどういう意味があったのか定かではないが、信仰する動物（アンデスでは猫族）になぞらえ、悪霊を恐れさせて病気にかからないようにするため、という説がある。またそのような形が美しいとされていた可能性もある。

しかし時代や地域によってこれらの形状にも様々な違いとパターンがあった。

そしてこのような風習は必ずしも子供に対する虐待やお仕置きの意味ではなく、子供の将来や幸せを願って行われていたと考える方が自然のようだ。

また縦に長く伸ばした円錐形の変形タイプは高地から発見されたものが多く、海沿いの低地では頭骨を前後から押しつぶしたような扁平頭蓋が多かった。

Mummy Trivia

開頭手術が行われていた古代アンデス文化

アンデス地方のミイラには、頭蓋骨にもうひとつ大きな特徴のあるものが数多く発見されている。それは彼らの頭蓋骨に直径10cm内外から1cm程度まで、穴の開いたものがあること。それは何らかの病気に対する手術のようなものだったらしい。

中南米のミイラ

人類が作った世界最古のチンチョロのミイラたち

世界最古のミイラはアンデス地域で発見されている。今から9000年ほど前の、チンチョロ文化と呼ばれる時代に作られたもの。赤ちゃんや子供ミイラも多く、亡くなった子をずっとそばに置いておきたかった親の思いが作らせたとも見られている。

太古の昔から、親が子を思う気持ちは変わらなかったのではないかと、チンチョロの子供ミイラを見ると思わずにはいられない。

エジプトよりはるかに古いチンチョロのミイラ

数多くのミイラが発見されるアンデス地域だが、その中でも世界最古のミイラは、ペルーとの国境に近いチリのアタカマ砂漠から出土している。

今から7000年ほど前のものとされるが、この地域で紀元前7000年から1000年前まで続いていたチンチョロ文化の、アチャ2という遺跡で発見されたものだ。

チンチョロ文化の長い歴史の

［時代によって、ミイラの作り方はちがった］

ブラックミイラ

紀元前5000年頃のミイラ。表面が黒ずんでいる。

レッドミイラ

紀元前3000年頃のミイラ。手足を切りはなしていない。

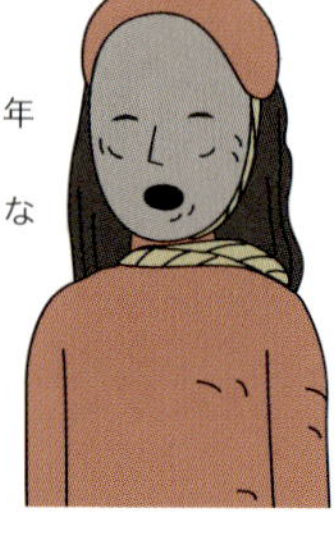

泥塗りミイラ

紀元前2000年頃のミイラ。内臓も残っている。

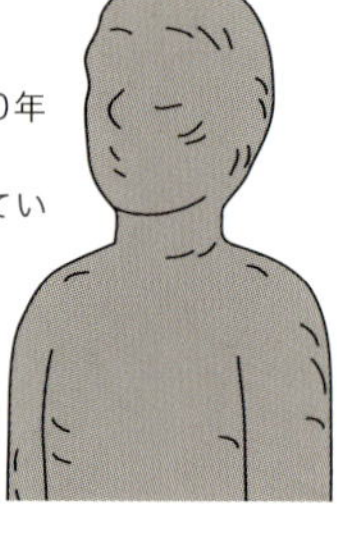

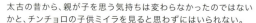

チンチョロでは、小さな子供や赤ん坊のミイラも多数発見されている。我が子への親たちの思いは変わらないのだろう。

チンチョロのミイラ作りは手足をバラバラにし、その骨を木や紐を使ってまた新たに組み立てるという人形作りのようなやり方だった。

中では、ミイラ作りにも時代による様々な変遷があった。

それによると、紀元前５０００年ほどに作られたものはブラックミイラと呼ばれ、手足が切り離された状態で、表面が黒ずんでいた。そして紀元前３０００年頃のものはレッドミイラと呼ばれ、手足は切り離されていない。さらに紀元前２０００年頃になると、泥塗りミイラと呼ばれ、体内には内臓も残っていた。

なぜか子供や赤ちゃんのものも多く、その理由として親が死んだ子供を近くに残しておきたかったためミイラ作りが始まったのではないか、とも考えられているようだ。

メキシコ・グアナファトにある驚愕のミイラ博物館

ユネスコの世界遺産にも登録される、中米メキシコ砂漠地帯の美しい街グアナファトには、ミイラ博物館というものがある。埋葬税を支払えなかった遺体が、ミイラ化した後に掘り起こされ、見世物とされるうちにミイラ博物館として誕生したのだ。

美しい歴史的な市街地と近辺の銀山は、ユネスコの世界遺産にも登録されているグアナファトの風景。

口を開け、何やら苦しそうに叫んでいるようでもある恐ろしげな表情のミイラ。

そのまま埋葬すれば自然乾燥のミイラが出来上がる

中米メキシコのグアナファトには、世界でも珍しいミイラ博物館というのがある。

60ペソを払って入場すると、中には約200体と言われる様々なミイラたちが迎えてくれるのだ。ミイラたちはだいたい1870年から1958年頃に亡くなった人々とされるから、長いミイラ史の中では極めて最近の存在といえるだろう。

実はこの博物館、もともとはこの辺りで亡くなった者たちのお墓だったという。

極端に乾燥した砂漠気候のこの地では、亡くなった人々の遺体は土葬され、天然のミイラとなってしまうのだ。

この地では亡くなると3年間は無料で墓地に埋葬してもらえるが、埋葬税を納めていないと、

まだ墓地が死体置き場だった1911年頃の様子。1969年に博物館として誕生した。

赤ちゃんミイラも数多くある。貧しさゆえ掘り起こされたと思うと、何とも不憫ではある。

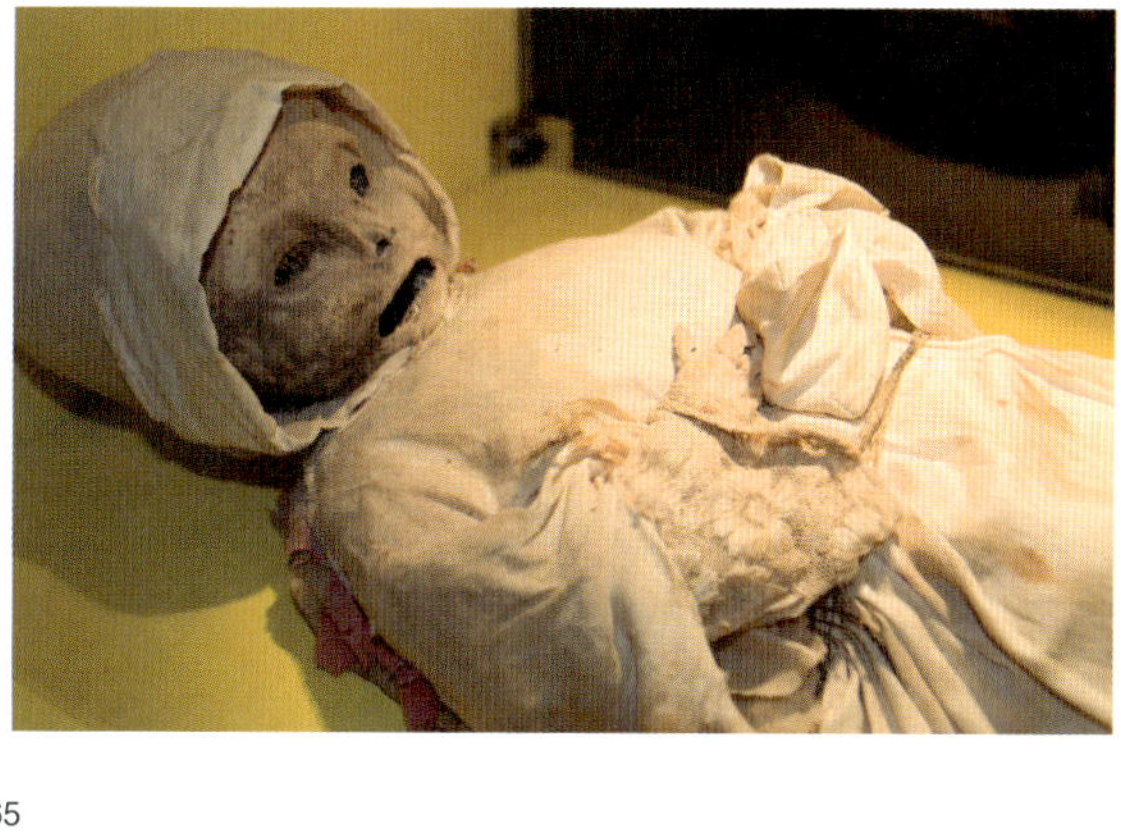

5年後に墓から掘り起こされてしまうというシステムなのだ。
そして1900年頃になると墓地で働いていた人々が、ミイラを見たがる人達からお金を徴収しだした。それがこの博物館誕生の由来というから、何とも商魂たくましい話である。

Mummy Column Vol.2

作家・翻訳家　田中 真知

オンム・セティを突き動かしたのは、写真で見た王のミイラだった。王の名はセティ1世。王たちの墓所「王家の谷」で最大規模の墓をつくったエジプト屈指の王である。

父親からプレゼントされた子ども向け古代世界の本

20世紀初頭、英国ロンドンで両親とともに暮らしていた幼い少女ドロシーは、父から一冊の本をプレゼントされた。

子ども向けの古代世界の不思議についての本で、そこには古代エジプトの王のミイラの写真も載っていた。ところが、ドロシーはその写真を見るなり、「私、この人知ってる！　会ったことある」と叫んだ。

それだけなら夢見がちな子どもの夢で終わっていただろう。しかし、ドロシーの人生はそこから思いもよらない展開をとげる。

学校をさぼっては大英博物館の古代エジプト室に入り浸り、そこで知り合ったエジプト学の権威ウォーリス・バッジ教授から直接ヒエログリフの手ほどきを受け、その後、エジプト人と結婚してカイロに移り住み、オンム・セティという名で知られるようになった。

オンム・セティを突き動かしたのは、ひとえに写真で見た王のミイラだった。王の名はセティ1世。カルナック神殿の大列柱室、聖地アビドスの葬祭殿、そして王たちの墓所「王家の谷」で最大規模の墓をつくったエジプト屈指の王である。

昼間は考古学の研究者 夜は記憶の世界をさまよう

そのミイラは現在、カイロのエジプト考古学博物館のミイラ室で見ることができる（カバー写真）。歴代の王のミイラの中でも、ひときわ美しく穏やかな表情をしていることで知られる。

ヒエログリフが堪能だったオンム・セティはエジプト考古局最初の女性職員となる。その一

▼プロフィール

田中真知　（たなか・まち）
作家。翻訳家。慶應義塾大学経済学部卒。1990年から1997年までエジプト在住。著書に『アフリカ旅物語』（凱風社）、『ある夜、ピラミッドで』『孤独な鳥はやさしく歌う』（旅行人）、『へんな毒、すごい毒』（技術評論社）。訳書に『神の刻印』（グラハム・ハンコック著／凱風社）、『転生―古代エジプトから甦った女考古学者』（ジョナサン・コット著／新潮社）など。

方で、自分はかつてセティ1世の神殿に仕える巫女《みこ》であり、かつ王の愛人であったという確信を生涯にわたってもちつづけた。

昼間はアカデミックな考古学の研究者として生き、夜には前世の記憶の世界をさまよい、ファラオとのロマンスをめぐる夢ともビジョンともつかない膨大な量の日記を残した。

晩年は上エジプト、アビドスのセティ1世神殿の管理人となり、そのユニークなガイドぶりは世界に知られるようになり、ナショナル・ジオグラフィック誌やBBCがドキュメンタリーを製作したほどだった。

多くのエジプト学研究者に慕われたオンム・セティは1981年、セティの神殿のあるアビドスで77年の生涯を終えた。ミイラに導かれた一生だった。

第3章

EUROPE

ヨーロッパのミイラ

ヨーロッパのミイラは、宗教的な考え方や気候風土に根ざしたものが大半を占める。ミイラ大国のイタリアを筆頭に、これまで多くの国で貴重なミイラが発掘されている。

花の都パリの地下には、ほぼ全域に渡って無数の人骨が眠っている。

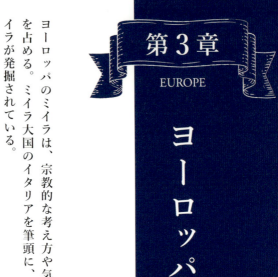

生前の盛装を身に付けたミイラが並んで安置されている
イタリア・シチリア島のカタコンベ(地下納骨堂)。

無数の人骨が織りなす不思議な世界

世界遺産のアルタイ山脈には、まだ多くの
ミイラが眠っているといわれる。

イタリア・ローマ

修道僧の遺骨が荘厳に並ぶミイラ大国イタリアの「骸骨寺」

ヨーロッパを代表する「ミイラ大国」のイタリアの中でも、このサンタ・マリア・デッラ・コンチェツィオーネ教会は異彩を放っている。祭壇や壁、天井のアーチなど、すべてが修道士たちの人骨で装飾されているのだ。

聖堂の壁や天井を飾る修道士の人骨。大量の骨を大胆に組み合わせて模様を描いている。

祭壇から天井の飾りまですべて修道士の人骨で装飾

ローマの中央駅から歩いて数分のベネト通りは、高級ブティックが立ち並ぶ買い物のメッカ。そのベネト通りに、落ち着いた外観の教会がある。

1626年に建立された「サンタ・マリア・デッラ・コンチェツィオーネ教会」。通称・骸骨寺と呼ばれる異色の人気スポットだ。

この教会はキリスト教の一派であるカプチン修道会に属し、その地下納骨堂は祭壇や壁、天井のアーチ飾りに至るまで、すべて人骨。

実に4000人以上の修道士の骨で造られている。

クリュプタと呼ばれる聖堂の一角には、次のような文言が記されている。

「あなた方はかつての我われの

納骨堂を飾る4000人にのぼる修道士たちの遺骨には、荘厳な気配が漂っている。

首都ローマはイタリアの政治、経済、文化、宗教など、すべての中心地だ。

カプチン会の会章。その名は修道服の頭巾（カプッチョ）に由来する。

姿であり、我われは将来のあなた方の姿である」

ここを管理する修道士は、訪れた人たちに対して、こんな話をしてくれるという。

「よくご覧なさい。彼らはついに報われたのです。もう苦しむことはありません。素晴らしいことです」

ちなみに、イタリア人の好きな濃いコーヒーのカプチーノは、カプチン会の修道士が身に付ける修道着の色に似ていることが語源らしい。

Mummy

イタリアのミイラは本家エジプトと何が違う？

本家エジプトのミイラとの大きな違いは、イタリアのミイラは意図的に作ったものではなく、遺体が自然にミイラ化した点にある。乾燥して湿度の低い気候が、ミイラ化に適していたのだ。イタリアでは、埋葬から約8カ月でミイラになるという。

Trivia

8000体の遺体が飾られたカプチン修道会の「カタコンベ」

イタリア南部のシチリア島に「カタコンベ」と呼ばれる地下納骨堂がある。シチリア島は乾燥した気候風土が遺体のミイラ化に最適とされており、そこには、実に8000体のミイラが、生前の服装を身に付けて、厳粛に安置されているのだ。

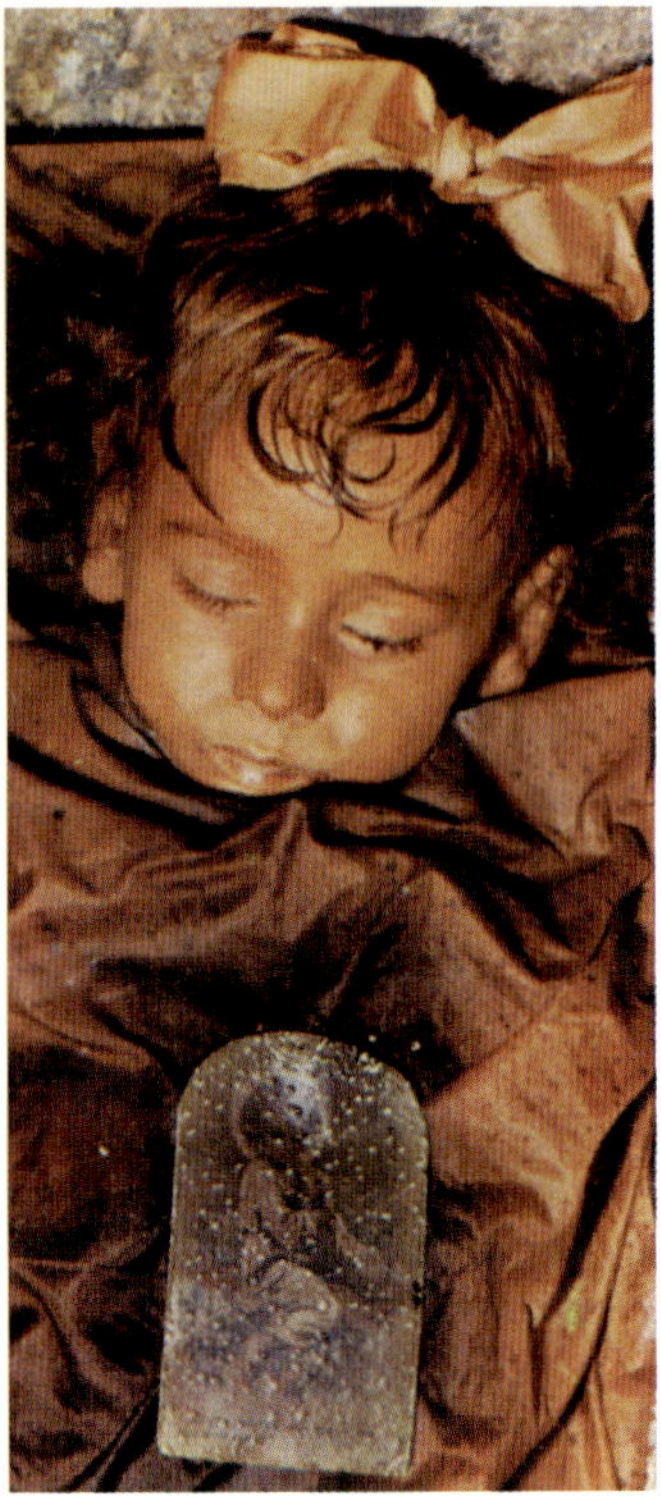

1920年、わずか2歳で肺炎のために他界した少女のミイラ「ロザリア・ロンバルド」。

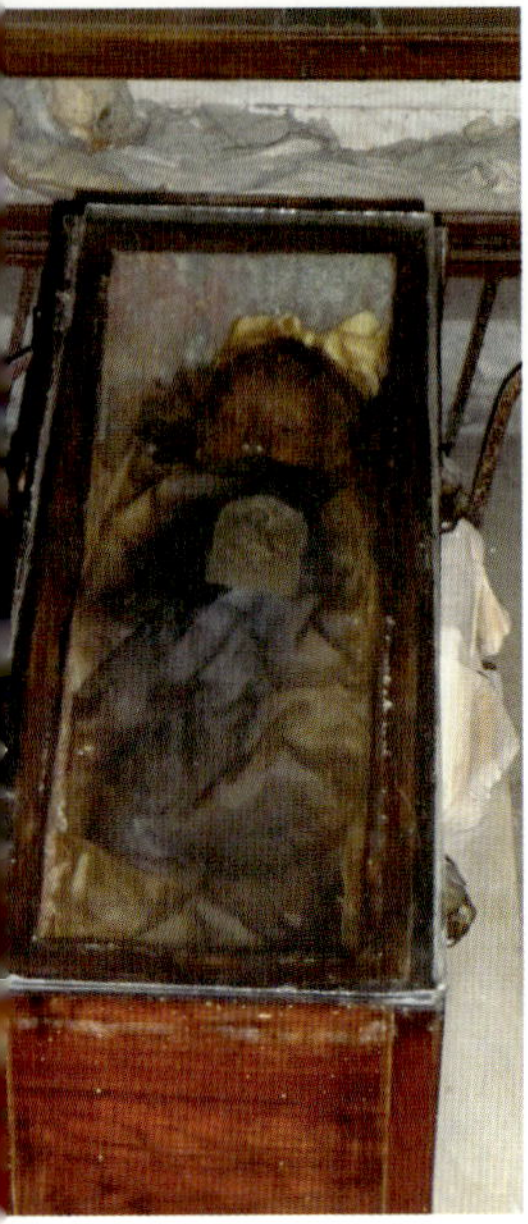

ガラスの蓋の付いた棺の中で眠るロザリア。その愛らしさは、訪れる人々を虜にしている。

カタコンベはシチリア島の観光拠点となるパレルモにある。

生前の盛装を身に付けて直立不動で飾られるミイラ

イタリア南部に位置するシチリア島の中心都市パレルモに、カプチン修道会のカタコンベ(地下納骨堂)がある。

ここには、1599~1880年に葬られた8000体のミイラが、いずれも亡くなった当時の盛装を身に付けて納められている。

カプチン修道会には、亡くなった修道士を教会内に葬る習慣があったが、気温や湿気の影響を受けない地下の納骨堂は、遺体を腐敗させることなく、人骨を残したままミイラ化することを可能にした。

特に、湿気が少なく、空気が乾燥しているシチリア島は、多くのイタリアの人々にとって、理想的な納骨場所と考えられていたという。

納骨堂の内部は6つの部屋に仕切られ、すべての空間がミイラで埋め尽くされている。

作家マルキ・ド・サドもここを訪れ、人骨装飾の芸術性を高く評価したという。

子供のミイラが集められた一角には、天使の存在を思わせる神聖な気配がっている。

ミイラとなった遺体は、きれいに洗浄され、残った体中の毛穴は植物性の成分で塞がれる。

その後、生前のままの服を着せられ、壁に吊り下げられたり、直立不動の姿勢で飾られて、厳粛に納骨されている。

こうした納骨には一体どんな意味があるのか？

カプチン修道会の教えによると、これは「世俗的な虚栄心や外見へのこだわりが、いかに無駄なものであるかを人々に諭《さと》すため」だという。

コラム

愛らしいロザリアがガラスの棺に入った理由

ロザリア・ロンバルドは、カプチン修道会に葬られた最後の遺体とされている。父親の強い希望で遺体に防腐処理が施されたが、一部に腐敗が始まっていることが確認されたため、現在は温度と湿度が安定しているガラスの棺に入れられている。

ヨーロッパのミイラ
イタリア・エッツタール

アルプスの氷河で発見された5300年前の男性ミイラ

1991年、アルプスの氷河から、5300年前の男性ミイラが発見された。氷河で見つかったことから「アイスマン」と命名。青銅器時代の暮らしが分かる貴重な発見とされたが、その後の研究で極めて過酷な人生だったことも明らかになっている。

アイスマンは青銅器時代のヨーロッパ人の生活を知る大事な手がかりとなっている。

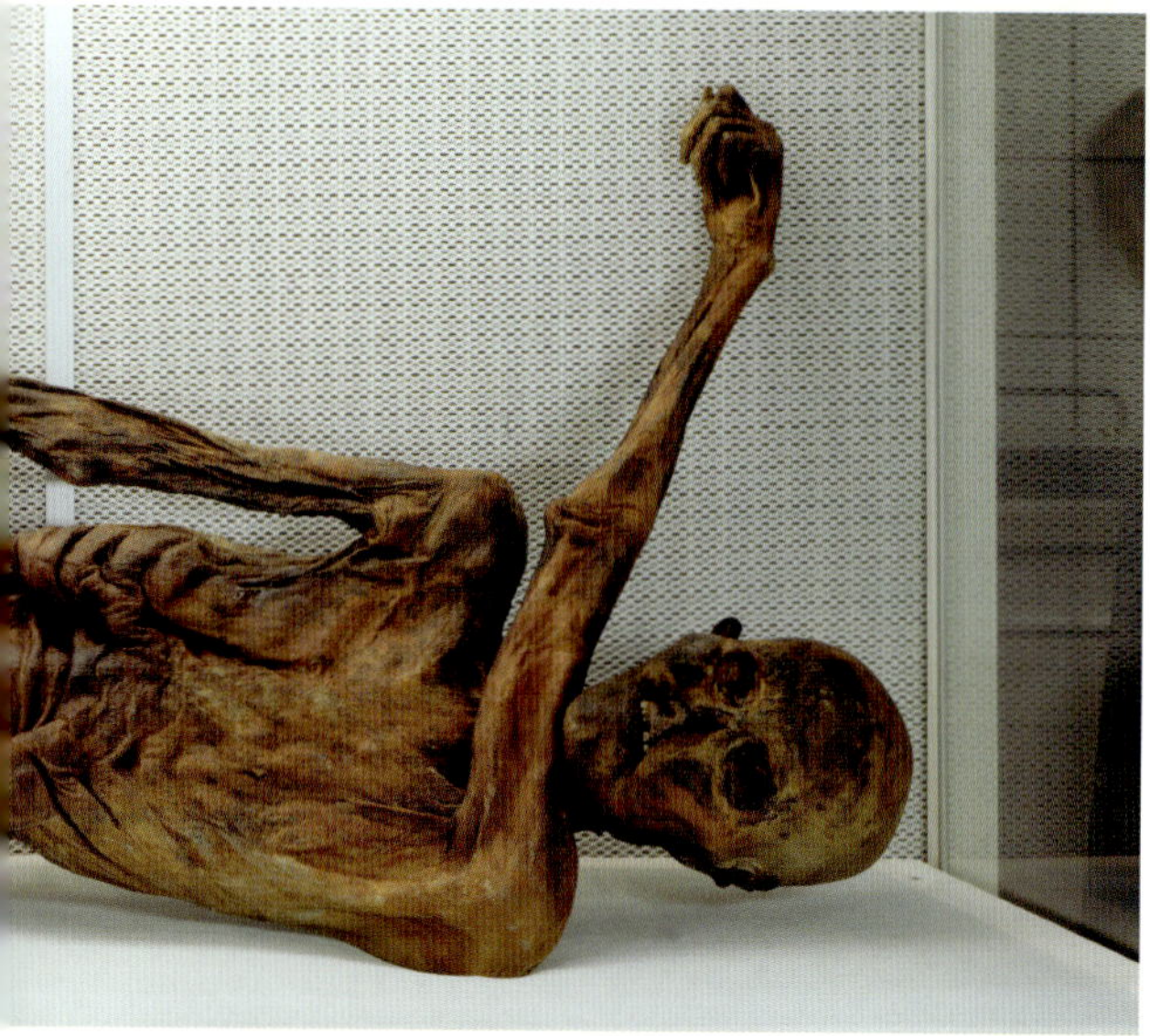

アルプスのエッツ渓谷に設置されているアイスマン発見の記念碑。

苛烈な人生の果てに壮絶な最期を迎えたミイラ

アイスマンは1991年、アルプスにあるイタリアとオーストリアの国境に位置するエッツ渓谷の氷河で、ハイキング中のドイツ人によって発見された。

約5300年前の青銅器時代の男性と推定され、オーストリアの新聞記者が発見場所にちなんで「エッツィ」と命名したことから、この別名で呼ばれることもある。

その後の研究によって、アイスマンは紀元前3359年から3105年の間に、イタリアの南チロル地方に住んでいたとされ、推定年齢は40〜50代。

左肩に刺さった矢によって殺されたと見られている。草と革の服を着て、斧《おの》やナイフ、矢筒を持ち、ポケットには木の実が入っていた。

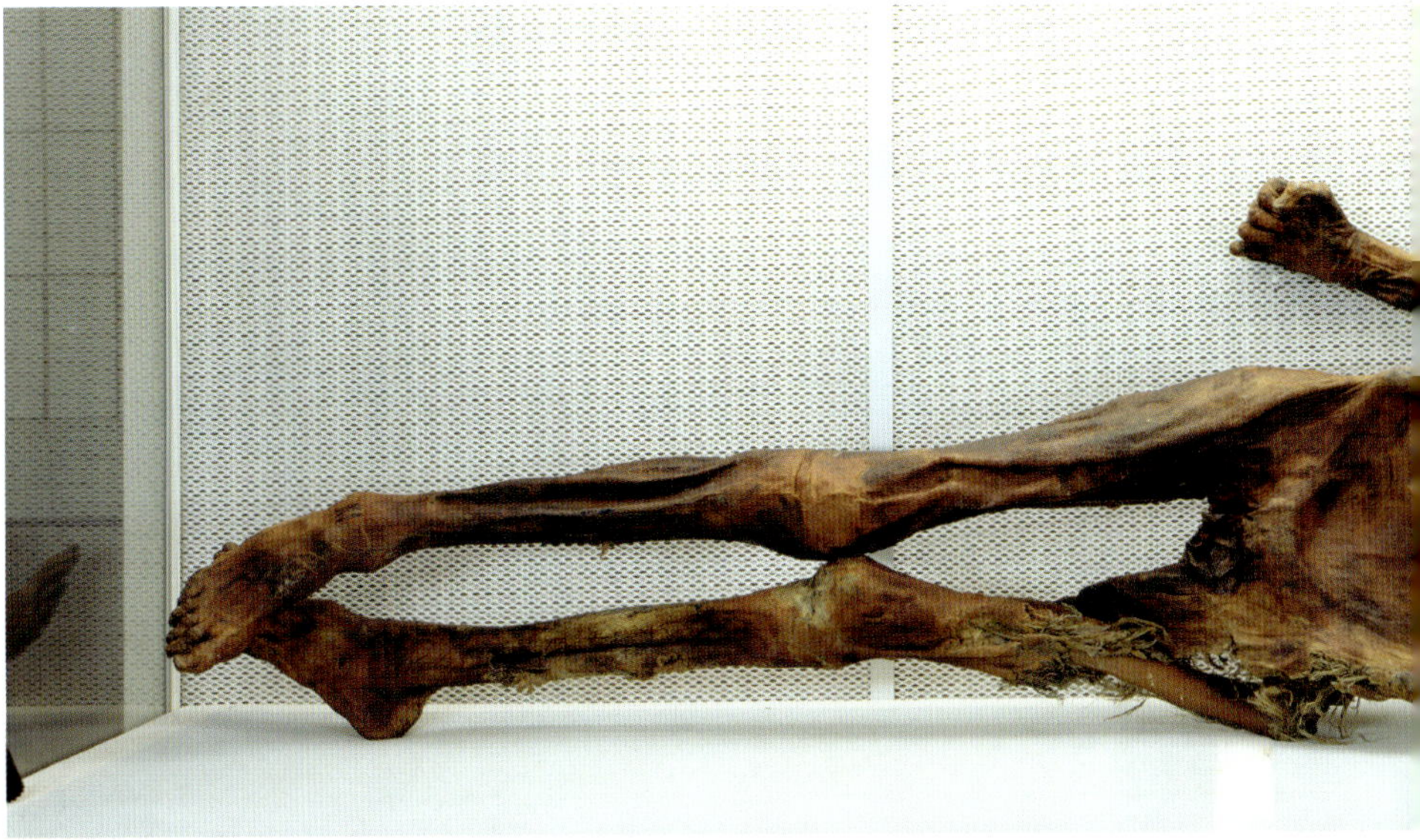

南チロル考古学研究所が作った発見当時のアイスマンの精巧なレプリカ。

アイスマンが展示されているボルツァーノ県立考古学博物館。

そのタトゥーだらけの身体には様々な病気の跡や外傷があり、慢性関節痛、ライム病、歯周病、潰瘍、さらにはナイフによる切り傷、死の直前に受けたと考えられる鈍器損傷が頭部にあった。苛烈な人生の果てに壮絶な最期を迎えたことが想像される。

アイスマンの研究は、現在もイタリアの南チロル考古学研究所で続けられている。普段は摂氏マイナス6℃、湿度99%の冷凍庫の中で厳重に保管されているという。

家事使用人の守護聖人とされる美しき不朽体「聖ジータ」

イタリアにおいて、聖人の遺体は「不朽体」として人々の信仰の対象とされている。この聖ジータは亡くなってから数百年を経ても、極めて保存状態がいいことで知られている。死後も腐敗しないことこそ、神聖さの証…なのだという。

朽ち果てずに展示されている聖ジータ。その周囲には芳しく神聖な香気が漂うという。

バロック様式の画家ベルナルド・ストロッツィが描いたフレスコ画「聖ジータの奇跡」。

保存状態は極めて良く芳しい神聖な香気が漂う

聖ジータはメイドの守護聖人として知られている。

ジータはイタリア中部のトスカーナ出身。12歳の時にメイドとなって働き出し、50年近くも献身的に主人一家に仕えた。

１２７２年に60歳で亡くなった時には、街の教会の鐘が勝手に鳴り出すなど、様々な奇跡が起きたとされる。

その棺は１５８０年に発見されたが、遺体はほとんど劣化しておらず、１６９６年に聖ジータとして聖人の列に加えられている。

カトリック教会には、イエス・キリストや聖人が残した物を「聖遺物」として崇《あが》める風習があるが、その中でも聖人の亡骸は上位に位置する。

特に、イタリア周辺において、

聖ジータの故郷であるトスカーナ州の都市ルッカの美しい風景。温暖な気候で知られる。

聖ジータが展示されているサン・フレディアーノ聖堂。ロマネスク様式の教会だ。

聖人の遺体は「不朽体《ふきゅうたい》」と見なされ、来世の生命を先取りした特別な存在として、信仰の対象となっている。

不朽体には白骨化したものもあるが、この聖ジータは亡くなってから数百年を経ても、極めて保存状態がいい。

カトリック教会の考え方では、神の御業によって死後も腐敗しないのは、神聖さの証だという。

ちなみに、不朽体からは甘く芳しく神聖な香気が漂うといわれている。

コラム

不朽体と認定されるには人為的な処理はご法度

カトリック教会によって不朽体と認定されるには、防腐処理やミイラ化はご法度。あくまで自然のまま残されていなければならない。だが、多くの聖人は安置場所を移動する際に、様々な処理を受けている。近年、それは許容範囲と判断されているという。

ヨーロッパのミイラ

フランス・パリ

600万人の遺骨が納められた世界最大級の地下納骨堂

華やかで文化の香りが漂う街として世界的に有名なパリだが、その地下には、ほぼ全域に渡って600万人もの人骨が安置されているという。これは一体、どういうことなのか？　その答えは、パリという街の発展の歴史に隠されていた。

カタコンベの中に置かれたランプ台。地上とは異次元の空間が延々と広がっている。

花の都パリの地下には、世界最大級の地下墓地が広がり、無数の遺骨が眠っている。

パリ市内全域の地下に多くの遺骨が眠っている

花の都パリといえば、文化やファッションなど、様々な面で世界をリードする憧れの街。だが、その華やかな街の地下に、無数の遺骨がひっそりと眠っていることは、意外と知られていない。

パリの地下納骨堂（カタコンベ）である「カタコンブ・ド・パリ」は、パリ14区のダンフェール・ロシュロー広場の近くにある。ここには、実に600万人もの遺骨が納められており、地下トンネルと洞窟には、整然と積み上げられた遺骨の壁が延々と続いている。地上の華やかさとは、全く異なる光景だ。

ヨーロッパのカタコンベの多くは、最初から墓地にする目的で造られているが、パリの場合は事情が異なり、元々はパリの

カタコンベを見学する1860年代の紳士淑女たち。上流階級の人々も注目したという。

地下の不思議な世界へつながるカタコンベの入口。ひっそりとした簡素な建物だ。

街を作るための石を掘り出した採石場だった。

膨大な石を掘り出してぽっかりと空いた地下トンネルに、埋葬場所を失った遺骨を安置したのが始まりとされる。

この地下トンネルは、地下20〜30m、全長は500kmあるとされ、ほぼパリ市内全域に広がっている。

現在は一般公開もされているが、全域のごく一部に限られ、見学コースは、わずか1.7kmほどに過ぎないという。

コラム

電気が引かれるまではロウソクを片手に見学

カタコンブ・ド・パリの見学ルートに電気が引かれたのは1983年のこと。ごく最近の話だ。それまでは火を灯したロウソクを片手に遺骨の数々を見学して回ったというから、想像するだけでスリル満点。現在よりも格段に恐怖だったことは間違いない。

身分の高い先祖を乾燥保存した先住民グアンチェ族のミイラ

大西洋上に浮かぶカナリア諸島の先住民グアンチェ族には、15世紀のスペイン入植まで、先祖をミイラにして乾燥保存する風習があった。それは身分の高い先祖に対して、尊敬の念を表すための伝統的で神聖な行為であったという。

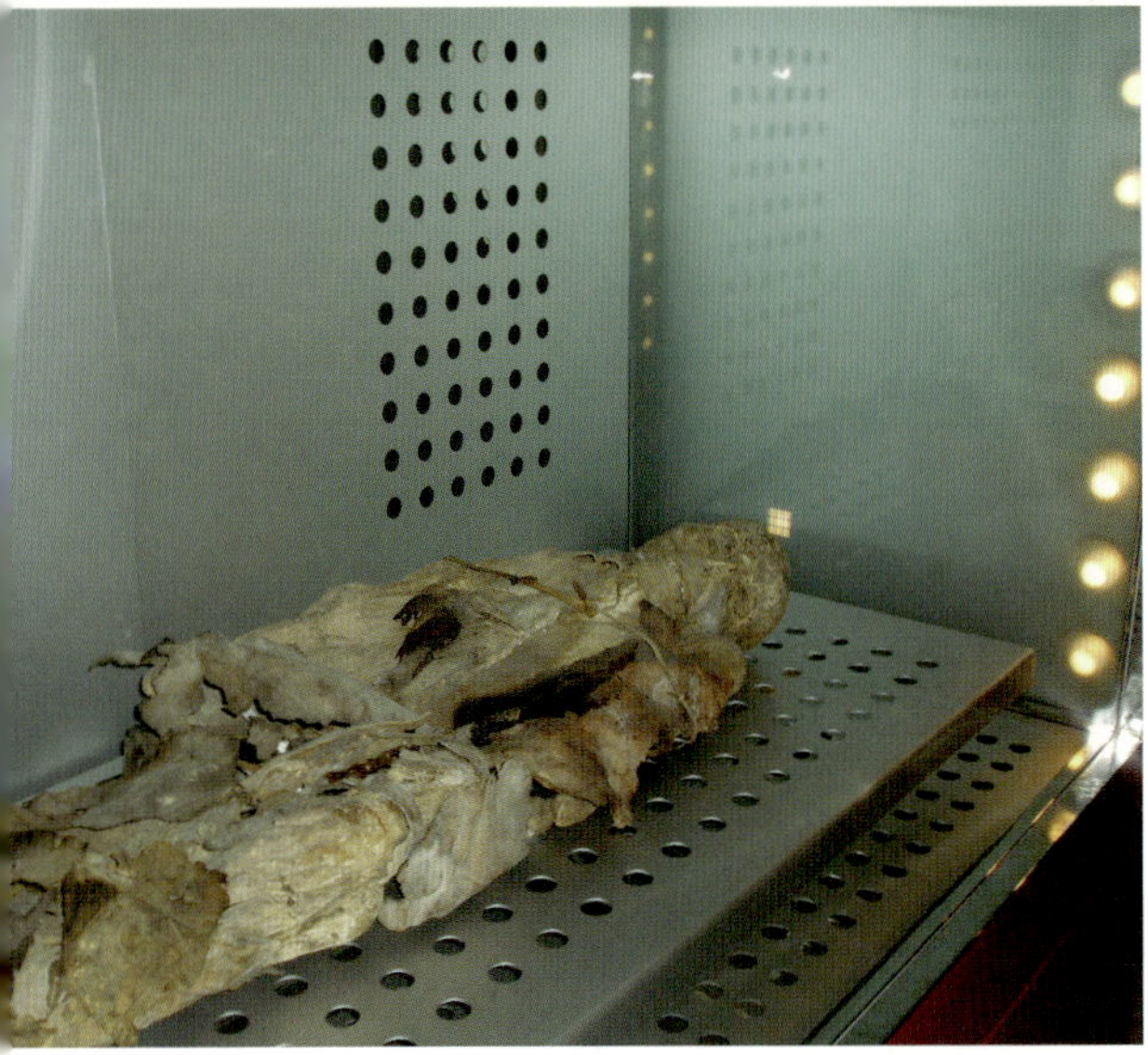

テネリフェ島にある「自然と人の博物館」が所蔵するグアンチェ族のミイラ。

カナリア諸島にあるカトリック教のヌエストラ・セニョーラ・デ・ラ・カンデラリア教会。

スペイン入植まで続いた先祖をミイラにする習慣

グアンチェ族は、アフリカ大陸の北西沿岸に近い大西洋上にあるカナリア諸島の先住民。

このグアンチェ族には、15世紀のスペイン入植まで、先祖をミイラにする習慣が残っていたという。

1933年には、カナリア諸島のテネリフェ島南部にあるグアンチェ族のネクロポリス（巨大墓地）で70体ほどのミイラが発見されており、現存する最古のミイラは紀元後3世紀頃のものとされている。

男性の平均身長が170㎝、女性は157㎝。その多くは長身で、たくましい身体をしていたことが特徴で、遺体の消毒や処理方法には、古代エジプトの技法と似通った点があるという。

スペインの探検家が残した記

スペイン・マドリードの国立考古学博物館に
所蔵されているグアンチェ族のミイラ。

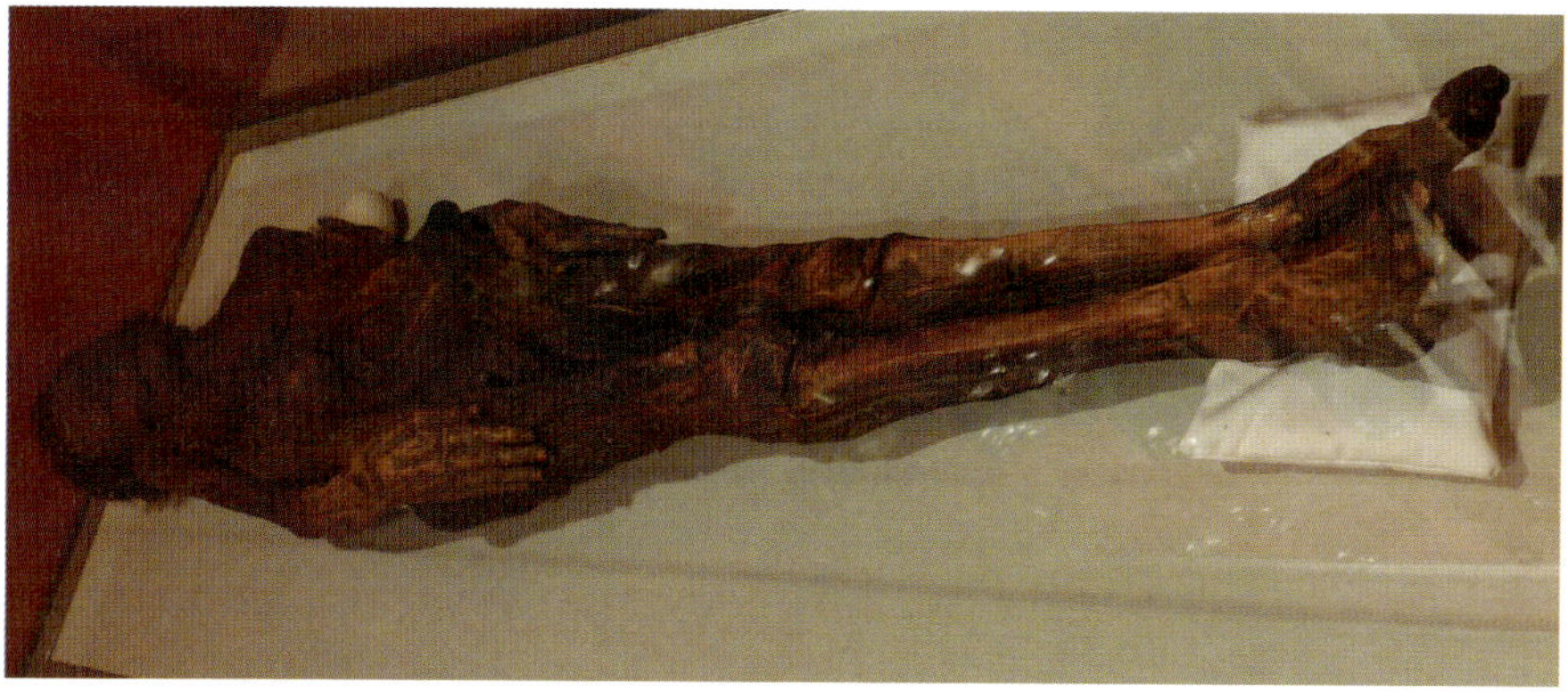

1年を通して温暖な気候が
続くテネリフェ島の象徴的な
植物である竜血樹の大木。

カナリア諸島原産の植物エキウム・ウィルドプレッティ。
背景はテイデ山。

録によれば、グアンチェ族は社会的地位の低い死者は砂地の墓場に埋葬していたが、高い階層の死者に対しては、ミイラにしてひとりずつ個別の洞穴に横たえたとされる。

つまり、彼らは身分の高い先祖をミイラにして乾燥保存することで、尊敬の念を表したものと推測されている。

現地のカナリア諸島博物館に行けば、古代の墓地跡から発掘された数々の遺物と共に、グアンチェ族のミイラを見学できる。

Mummy Trivia

**故人の性別に従って
男女別々でミイラ作り**

グアンチェ族のミイラ作りは男女のグループに分かれ、故人の性別に従って、定められた手順で作業が進められた。グアンチェ族の文化においては、ミイラ作成に従事する者たちは、その仕事の性質上から、不浄の存在と見なされていたという。

聖遺物として保管されているハンガリー王国・初代国王の右手

東欧のハンガリーといえば、自然と歴史が織りなす美しい風景で知られる。そのハンガリーの建国の父とされるイシュトヴァーン1世の右手のミイラが、聖遺物とし大切に保管され、今でも多くの人々の敬意を集めている。

イシュトヴァーン1世の右手のミイラは聖遺物として保管され、誰でも見学できる。

聖遺物として保存されるハンガリー建国の父

その美しい街並みから、ドナウの真珠やドナウの薔薇と称えられるハンガリーの首都ブダペストに、カトリック教会の聖イシュトヴァーン大聖堂はある。

ハンガリー国会議事堂と並んで、ブダペストで最も高い建造物とされ、その高さは96m、幅55m、奥行87・4m。

1905年に完成し、ハンガリー王国の初代国王イシュトヴァーン1世にちなんで、その名が付けられている。

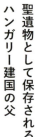

この大聖堂には、1083年に列聖したイシュトヴァーン1世の右手のミイラが聖遺物として保管されており、ハンガリー国民だけでなく、世界中から見物客を集めている。

初代国王のイシュトヴァーン1世は、国の統一とキリスト教

生前の威厳を今に伝えるハンガリー建国の父イシュトヴァーン1世の肖像画。

美しい佇まいの聖イシュトヴァーン大聖堂。新古典主義様式の建造物だ。

大聖堂に足を踏み入れると、華麗な装飾を施された黄金色のドームが目を引く。

化を進めたハンガリー建国の父。
アジア系の遊牧民族を祖先に持ちながら、キリスト教を受け入れ、ハンガリーをヨーロッパの一国として位置付けることで、現在のハンガリーの礎《いしずえ》を築いたとされている。
亡くなった当初、遺体から失われていた右手がルーマニア中部のトランシルヴァニアで発見され、各地を転々とした後、1771年にハプスブルク家の女帝マリア・テレジアによって戻されたものだという。

コラム

大聖堂のドームに昇れば世界遺産を眺望できる

ブダペストは1987年にドナウ河岸とブダ王宮地区が、2002年にはアンドラーシ通りとその周辺の歴史地区が世界遺産に登録された。エレベーターや364段ある階段で大聖堂のドームに昇れば、美しい街並みを360度見渡すことができる。

5000体の人骨で埋め尽くされた世界遺産のエヴォラ骸骨礼拝堂

世界文化遺産と上質なワインの街として知られるポルトガルのエヴォラ。その中心にはゴシック建築の傑作として名高いエヴォラ大聖堂がある。そこに併設されている骸骨礼拝堂に一歩足を踏み入れると、驚愕の光景が繰り広げられている。

礼拝堂の内部。壁面に埋め込まれているのは大腿骨、柱の縦に並んでいるのは頭蓋骨だ。

膨大な人骨が埋め込まれた修道士の祈りと瞑想の場所

ポルトガルの首都リスボンから東へ約150㎞の場所にあるエヴォラ。

この街はエヴォラ歴史地区として世界文化遺産に登録され、上質なワインの産地としても知られている。

その街の中心であるエヴォラ大聖堂に併設されているのがエヴォラ骸骨礼拝堂。

エヴォラ大聖堂は中世ポルトガルで最も大きな大聖堂であり、ゴシック建築の傑作として名高いが、そこに併設されている骸骨礼拝堂は、大聖堂の壮大な美しさとは対照的な、物恐ろしい様相を呈している。

この骸骨礼拝堂は、16世紀にカルメル修道会の修道士たちによって建てられたもので、実に5000体もの人骨が壁や柱な

首都リスボンから長距離バスで2時間ほど。
礼拝堂には様々な国の観光客がやってくる。

大きな柱を見上げれば、精巧に組み込まれた
多数の人骨が眼前に迫ってくる。

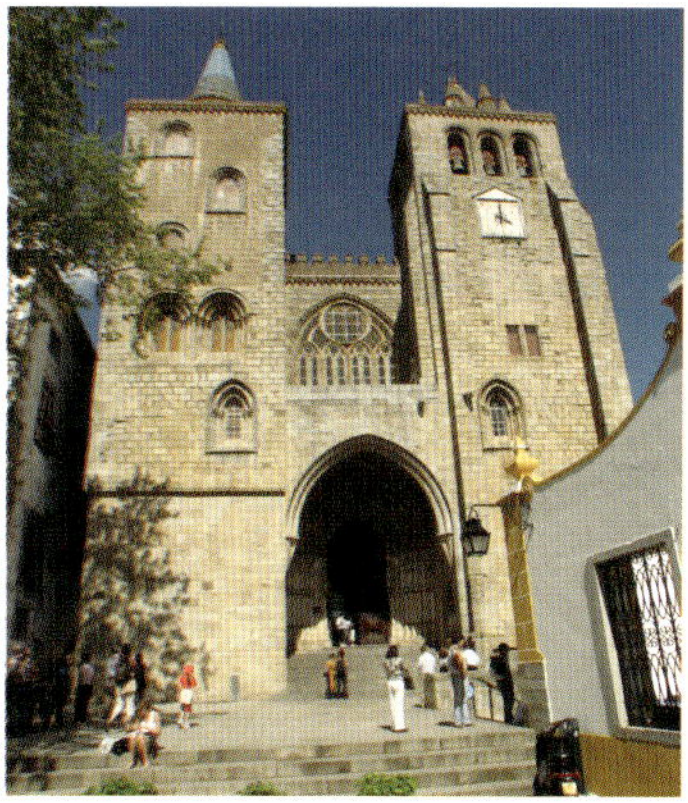

世界遺産の街エヴォラの人気スポット
でもあるゴシック様式の美しい大聖堂。

ど、あらゆるところに装飾的に埋め込まれている。

これらの人骨は、15〜16世紀頃、エヴォラにあった42の修道会墓地に埋葬されたものを、1カ所に集めたのだという。

この骸骨礼拝堂は、修道士たちの祈りと瞑想の神聖な場所として使われてきたが、その装飾が意味するところは「メメント・モリ」。

つまり、人間は死すべき存在であることを忘れるな…という教えだという。

コラム

壁面の青いタイルはポルトガルの名産品

ゴシック建築のエヴォラ大聖堂には、青いタイルが壁面を飾る一角がある。このタイルはポルトガルを代表する名産品で、アズレージョと呼ばれる。街の土産物屋にも並んでいるが、教会や礼拝堂に行くと歴史あるアズレージョの装飾を楽しむことができる。

ヨーロッパのミイラ

チェコ・セドレツ

1万人分の人骨を用いて礼拝堂の装飾をしている納骨堂

ヨーロッパに数ある納骨堂の中でも、このセドレツ納骨堂は異彩を放っている。天井や壁面、柱などがすべて人骨で作られているのは共通するが、その装飾は華やかで精度が高く、極めて芸術性が高いのだ。これほど華やかな納骨堂は他に類を見ない。

弓型ドームの花環装飾やシャンデリア、太い柱など、そのすべてが極めて芸術的だ。

荘厳でありながらどこか芸術的な雰囲気

首都プラハから東に約70㎞、電車を使えば1時間ほど。セドレツ墓地内の全聖人教会地下にセドレツ納骨堂はある。

この教会と納骨堂は約4万人の人骨を保管しており、1万人分ほどの人骨を用いて、礼拝堂内の装飾をしていることで知られている。

天井から吊り下げられたシャンデリアをはじめ、すべてのパーツが人骨で作られており、屋根や入口前にはドクロマークまで掲げられている。

それらが一体となって、神聖でありながら、どこかアーティスティックな雰囲気を醸し出しているのだ。

ゴシック様式の地上1階と地下1階建ての教会が建てられたのは15世紀初頭。

美しい外観を持つ全聖人教会。年間の訪問者は10万人を超えるという。

教会の所有者だったシュヴァルツェンベルク家の紋章も人骨で精巧に作られている。

多数の人骨が驚くほど整然と安置されている様子は、すでに恐怖を超越している。

Mummy Trivia

なぜ礼拝堂の内部をドクロだらけにしたのか？

全聖人教会が現在のような姿になったのは、侯爵の家系であったシュヴァルツェンベルク家が1870年に購入したことがきっかけ。木彫家フランティシェク・リントに尋常ではない依頼をしたのだ。それは「納骨堂を人骨で作れ！」というものであった。

教会の建設工事に伴って、埋葬されている人骨の一部が掘り起こされ、教会の建物の地下に運び込まれた。それ以来、教会の地下が納骨堂として用いられるようになったという。

さらに、あまりに巨大化した墓地の規模を縮小するため、教会が完成した後も人骨の掘り起こしが続けられ、掘り出された人骨は納骨堂に積み重ねられていった。

こうして、堂内に多数の人骨が納められることになったのだ。

ヨーロッパのミイラ

ロシア連邦
アルタイ共和国

世界遺産の永久凍土で発見されたシベリアの「ウコクの王女」

シベリアの永久凍土から発見された女性のミイラは、２５００年前のアルタイの王女と推定されている。だが、白骨化をまぬがれた身体の一部に刺青が見られることから、本当は王女ではなく、祈祷師ではないかとの見方もある。

ウコク高原はアルタイの黄金山地と呼ばれ、ユネスコの世界遺産に登録された。

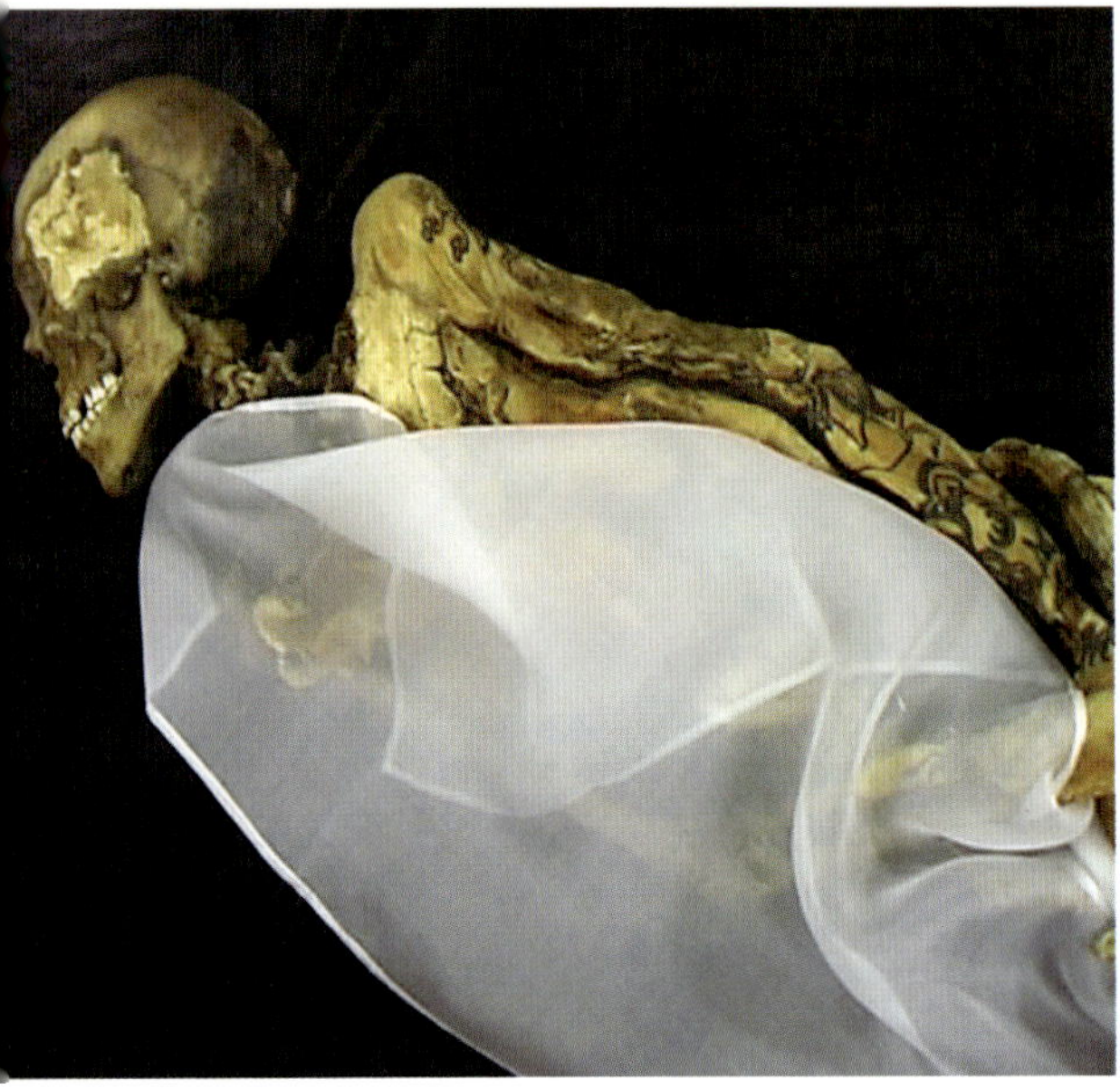

アノーヒン博物館に展示されているウコクの王女。永久凍土から発見されたミイラだ。

パジリク古墳群で発見された２５００年前の氷の王女

ロシア連邦シベリア地区のモンゴルとの国境にあるアルタイ共和国。

そのパジリク古墳群で１９９３年に発見されたのが、約２５００年前のミイラとされるウコクの王女だ。

別名はアルタイの王女。シベリアの永久凍土から発見されたことから、シベリアの氷の女性と呼ばれることもある。

発見したのは、ノヴォシビルスクの考古学者ナタリア・ポロシマクが率いる発掘チーム。発見当時、王女は2人の男性と鞍《くら》をつけた6頭の馬と共に埋葬されていたという。

髪の毛は剃られ、馬の毛で出来たかつらを装着。推定年齢は25〜28歳。身長は1・62m。死因は癌と推測されている。

美しいアルタイ山脈を遠くに望む神秘的な魅力をたたえたクチェルラ湖。

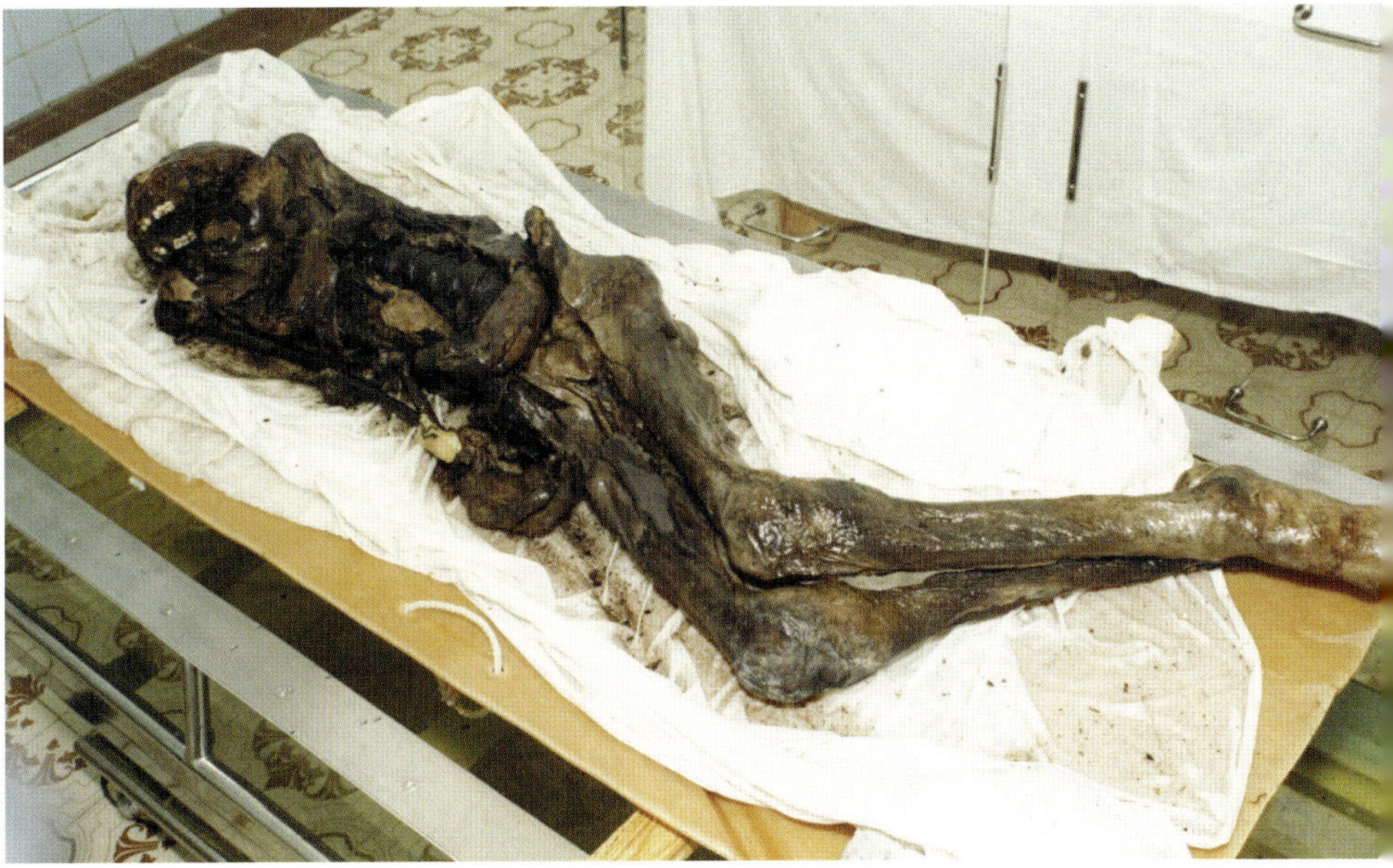

2500年前のミイラであるウコクの王女。すでに全身は真っ黒に変色している。

身体は腐敗して白骨化していたが、肩と左腕は白骨化をまぬがれ、鷹のくちばしと羊の角を持つ神話上の鹿などの刺青が見られた。

そのため、実は王女ではなく、本当はシャーマン（祈祷師《きとうし》）ではないかとの見方もある。

発見当初はノヴォシビルスクの考古学研究所に置かれていたが、２０１２年にはアルタイ共和国の首都・ゴルノアルタイスクのアノーヒン博物館に移されて展示されている。

Mummy Trivia

不吉な出来事が続発!?
ウコクの王女の呪い

ウコクの王女が発掘されてから、アルタイで不吉なことが続発した。ミイラを乗せたヘリコプターが謎のエンジン停止。近隣の村では自殺者や病人が急増した。極めつけは、2003年に発生したマグニチュード7のチュヤ地震。果たして、王女の呪いか!?

ヨーロッパのミイラ

ロシア連邦
モスクワ

95年の歳月を経たとは思えない生前の姿を残す「レーニン」の遺体

ソ連の初代指導者で、史上初の社会主義国家を誕生させたウラジーミル・レーニン。その遺体は現在、モスクワの赤の広場にあるレーニン廟に眠っている。保存処理が施された遺体は、95年の歳月を経た今でも、生前と同様の姿を残している。

エンバーミング技法が施されたレーニンの亡骸は、95年の歳月を経たとは思えない。

最先端の技術を駆使して生前の姿が残る初代指導者

1917年の十月革命を成功させ、史上初の社会主義国家であるソビエト連邦の初代指導者を務めたレーニンが、脳梗塞のため亡くなったのは、1924年1月21日。享年53歳。

レーニンの遺体は今、ロシアの首都モスクワ中心部の赤の広場にあるレーニン廟に、ガラスケースに入れられて安置されている。その遺体は、95年の歳月を経たとは思えないほど、生前のままの姿を残している。

その理由は、レーニンが亡くなった際、全国から弔問に訪れる人民のため、遺体にエンバーミング技法（保存処理）が施されたからだ。

エンバーミング技法とは、遺体の各部をプラスチックなどの物質と取り換えて、防腐処理を

1923年夏、生前最後に撮影されたレーニンの姿。脳卒中の後遺症が右手に残る。

赤の広場にあるレーニン廟。現在は衛兵ではなく警官や警備員が警護している。

レーニン廟がある赤の広場。首都モスクワの中心部にあり、一番の観光スポットだ。

すること。
　レーニンの場合、血液や体液、内臓は取り除かれているが、眉毛や口髭、顎鬚《あごひげ》はそのまま。パラフィンやグリセリンでできた物質を使い、皮膚のほとんどは取り換えられている。
　こうした科学技術によって、レーニンの遺体は腐敗や白骨化をまぬがれている。ロシアが研究に研究を重ねているエンバーミングの技術は、現代社会の医学の発展にも大きく貢献しているという。

Mummy Trivia

英雄墓域に埋葬されたソ連時代の最高指導者

1953年にヨシフ・スターリンが死去すると、その遺体も保存処理が施され、クレムリンの壁とレーニン廟の間にある英雄墓域に埋葬された。ソ連時代の最高指導者のうち、ブレジネフ、アンドロポフ、チェルネンコの3名が、この墓域に埋葬されている。

Mummy Column Vol.3

大東文化大学教授　宮瀧 交二

古代エジプトの動物ミイラと古代日本の動物埴輪に共通しているのは、人間とともに暮らす身近な動物への崇敬です。

様々な動物や魚などが神の使いと考えられていた

古代エジプトのミイラといえば、王族や富豪層などのミイラにばかり目が向いていませんか？

今、私の手許には、学生時代に東京国立博物館で見た『大エジプト展』（1988年）の図録があるのですが、この展覧会には、末期王朝時代の複数のミイラとともに、ローマ時代のワニのミイラも出品されていました。

図録の解説には、「ヘビやワニのような危険な動物までも、古代エジプト人は聖動物として崇拝の対象にした」と書いてあります。

さらに調べてみると、古代エジプトではこの他にも、牛、ジャッカル、猫、トキといった様々な動物たちはもとより、魚や昆虫のスカラベまでが「神の象徴」や「神の使い」と考えられてミイラにされ、それぞれの神を祀る場所に埋納されていたようです。

また、古代エジプトの後期には、宗教産業が活況を呈し、何百万という動物がミイラ用に飼育されていたようです（ジェームズ・パトナム『ミイラ事典』あすなろ書房）。

古代の人々と動物との関係に学ぶべきこと

ここで思い出されるのが、日本の動物埴輪《はにわ》です。日本では、縄文時代に猪や熊をかたどった土製品が作られましたが、古墳時代になると、様々な人物の埴輪と一緒に、数多くの動物の埴輪

▼プロフィール

宮瀧交二　（みやたき・こうじ）
博物館学者。大東文化大学文学部教授。学術博士。埼玉県立博物館主任学芸員を経て現職。大東文化大学のほか東京大学、東京女子大学、早稲田大学等で博物館学を講義。論文「博物館展示の記録化について」（『博物館研究』47-7）により、日本博物館協会・平成25年度棚橋賞を受賞。監修に『元号と日本人――元号の付いた事件・出来事でたどる日本の歴史』（プレジデント社）など。

が作られ、古墳に置かれました。

この時代に大陸・朝鮮半島から軍馬として連れてこられたとみられている馬の埴輪は、各地の古墳からよく出土しますし、馬以外にも、鶏、鷹、水鳥、猪、猿、鹿、犬、魚等の埴輪が発見されています。

これらの動物埴輪は、ミイラではありませんが、いずれも古墳の被葬者の身近にいた動物で、冥界《めいかい》でも被葬者とともに生き続けて欲しいとの願いから埴輪として作られたようです。

古代エジプトの動物ミイラと、古代日本の動物埴輪に共通しているのは、人間とともに暮らす身近な動物への崇敬です。

人間の乱獲によって数々の動物が種の絶滅の危機に瀕している現在、古代の人々の動物との関係に学ばなければならないことも、少なくないのではないでしょうか。

第4章

EUROPE WETLAND

ヨーロッパの湿地ミイラ

ヨーロッパの泥炭湿地からは、驚くほど保存状態のいいミイラが発見されている。しかも、その大半は何者かの手によって殺害され、悲惨な最期を迎えているという。

保存状態のいい湿地ミイラは、切り立った泥炭層から発見される。

デンマークで発見されたグラウベールマン。
喉を切り裂かれて殺害された形跡が残る湿地ミイラだ。

凄惨な最期を迎えた悲劇の象徴

石器時代の多くが泥炭湿地から
発掘されている。

泥炭湿地で発見されたミイラにはなぜ殺害されたものが多いのか？

湿地ミイラには、他のミイラと比較して大きく2つの特徴がある。ひとつは特殊な自然環境に置かれたことによって、保存状態が格段にいいこと。もうひとつは、生贄《いけにえ》や処刑など、何らかの事情によって殺害され、無残な姿にされてしまったことだ。

1835年にデンマークのユトランド半島で発見されたハラルドスカーウーマン。

生贄として捧げられたか？罪を犯して処刑されたか？

湿地ミイラとはピートボグ（泥炭湿地）の中で自然にミイラ化した人間の遺体のこと。ヨーロッパを中心として、世界各地で発見され、紀元前9000年から第2次世界大戦期まで、その年代も幅広い。

他のミイラと異なり、湿地ミイラは①強酸性の水②低温③酸素の欠乏…という特殊な自然環境によって、皮膚や内臓がそのまま保存されていることが特徴だ。ただし、泥炭に含まれる酸がリン酸カルシウムを溶かしてしまうため、人骨の保存状態は概して良くないとされている。

ほとんどの湿地ミイラは鉄器時代のもので、北欧、特にデンマーク、ドイツ、オランダ、イギリス、アイルランドで多く発見されている。

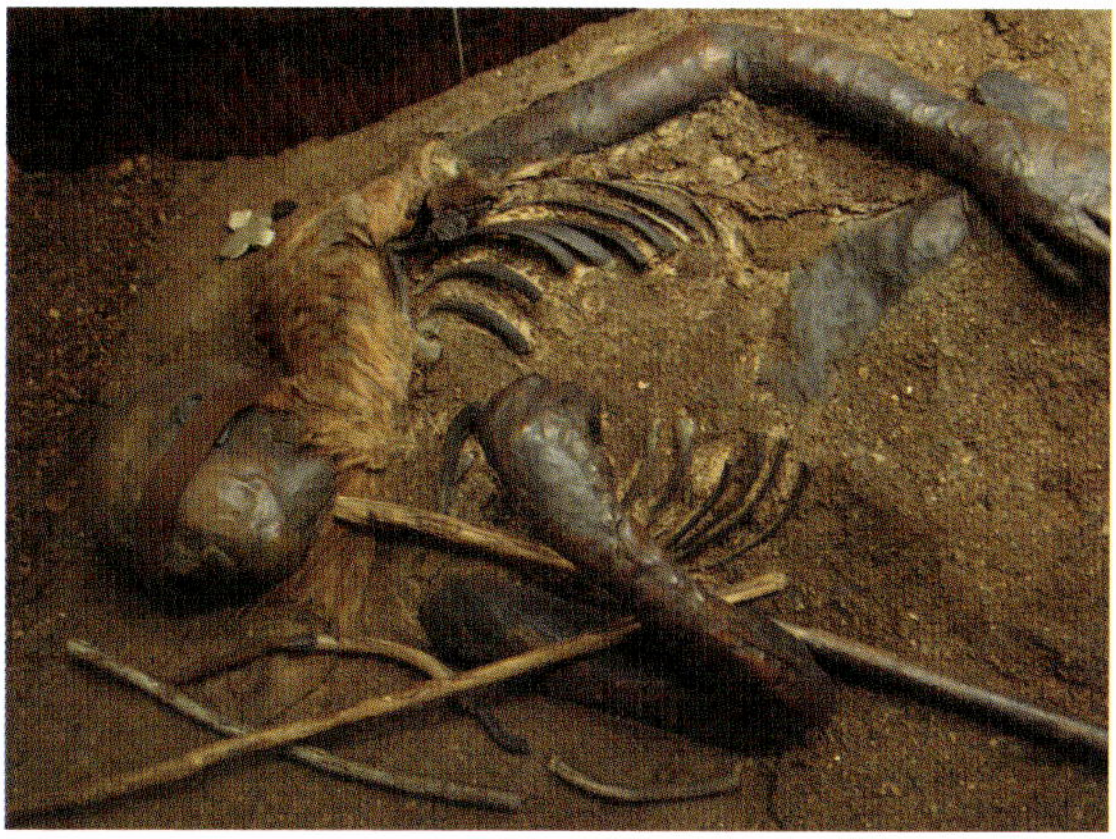

1952年にドイツのシュレースヴィヒ・ホルシュタイン州で発見されたヴィンデビー。

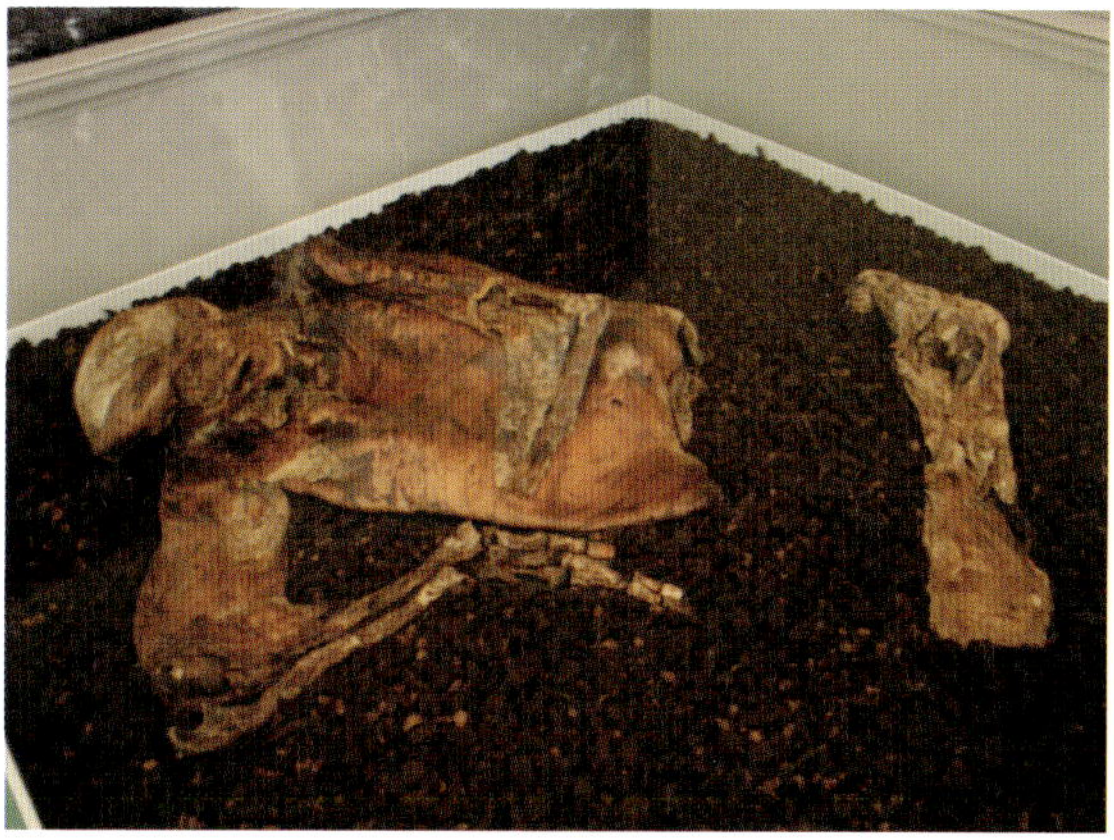

1984年にイギリスのチェシャー州で発見されたリンドウマン。2000年前の遺体だ。

鉄器時代の湿地ミイラには、共通した2つの傾向がある。

ひとつは、何者かによって殺害された痕跡が残っていること。もうひとつは、衣服を身にまとっていない裸の状態であることだ。

その多くは、生贄に捧げられたか、罪を犯したために処刑され、泥炭に埋められた…と考える考古学者もいる

ちなみに、最も新しい湿地ミイラは、第2次世界大戦時に、ロシアの湿原で殺害された兵士のものという説もある。

Mummy Trivia

地上で大気にさらされると急速に分解する湿地ミイラ

湿地ミイラは保存状態が良好なものが多いが、発掘して大気にさらされると、急速に分解が進んでしまうという弱点がある。過去にも、これによって多くの湿地ミイラが消失している。現時点で世界中に保存されている湿地ミイラの数は53体とされている。

ヨーロッパの湿地ミイラ

デンマーク・
ビェルスコウ渓谷

近年の殺人事件の被害者か!? 保存状態が抜群の40代男性

深さ2mほどの湿地の中に、胎児のような姿勢で沈んでいたトーロンマン。保存状態は極めて良好で、顔などは生前の面影を残していた。だが、その首には縄が巻き付けられており、無残にも吊るし首で処刑された痕跡が残っていた。

シルケボー博物館に展示されているトーロンマン。頭部に身体を再現したレプリカだ。

巻き付いた首の縄から吊るし首にされた可能性も

トーロンマンは、デンマークのユトランド半島で紀元前4世紀に生きていたと推定される男性の湿地ミイラ。

1950年、デンマークのシルケボーから西へ12㎞のビェルスコウ渓谷のピートボグ（泥炭湿地）で、トーロンの村人がストーブの燃料用に泥炭を切り出していた時に発見した。

深さ2mほどの湿地の中に胎児のような姿勢で沈んでいたため、心臓や肺、肝臓も含めて、保存状態は極めて良好。

特に、頭部と顔は生前の面影を残しており、発見した村人はてっきり最近の殺人事件の被害者と思い込んだという。

推定年齢は40歳。身長は当時としても低めの161㎝だが、湿地に沈んでいる間に縮んだ可

トーロンマンが展示されているシルケボー博物館。
北欧らしいクリーム色の建物が特徴。

切り出された状態のピート（泥炭）。泥状になった炭のことで、いわば石炭の一種だ。

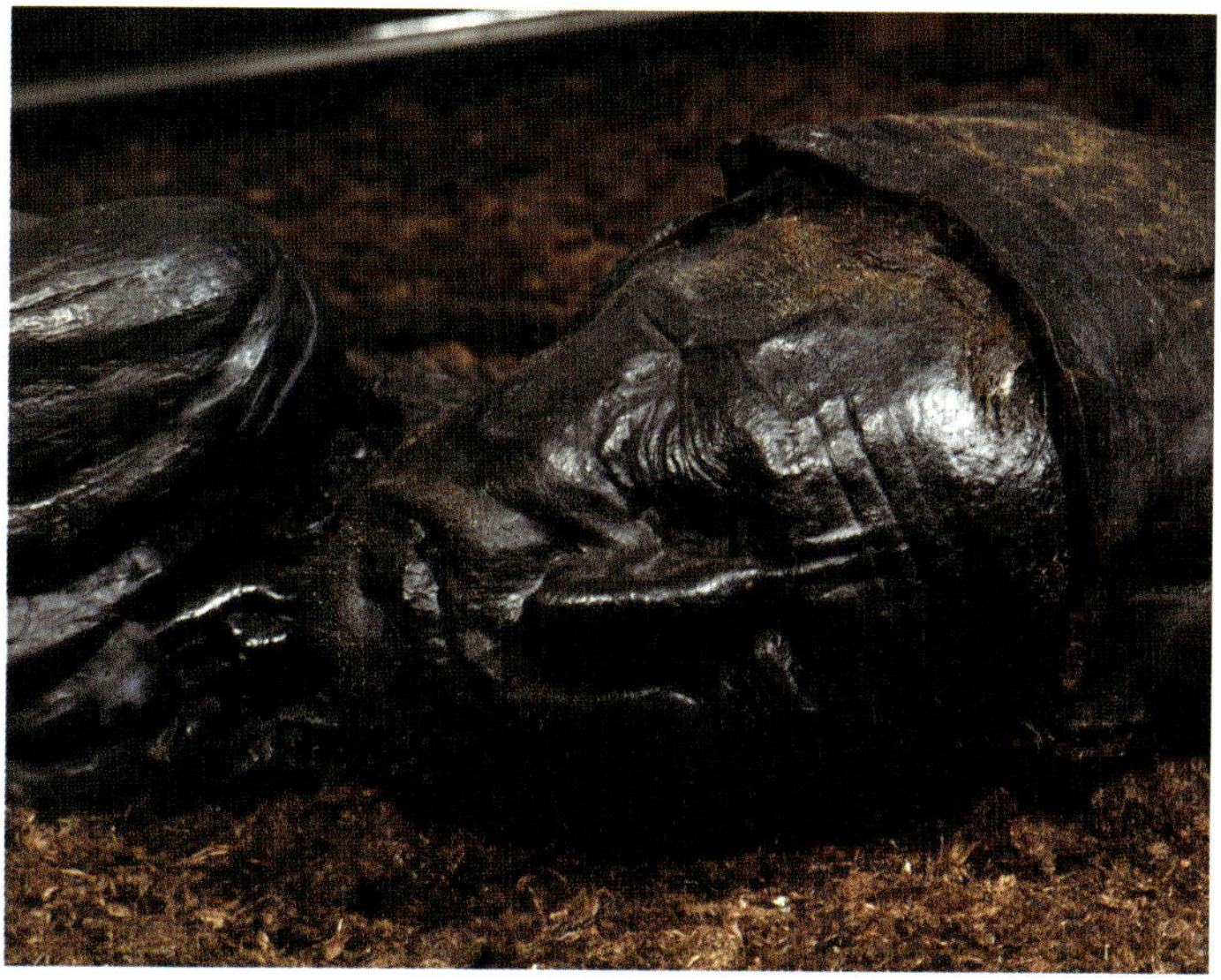

生前の面影を残すトーロンマンの頭部。革製の帽子をかぶり、革ひもで結んでいる。

能性もあるという。

遺体は何も衣服を身に付けておらず、髪は短く刈り込まれていた。首には縄が巻き付いていたが、発見時の検死報告によれば、吊るし首にされた場合の特徴である舌の膨張が見られることから、死因は地上での絞殺ではなく、吊るし首にされた可能性があるという。

１９７６年、デンマーク警察は指紋分析を行い、トーロンマンの親指の指紋を採取して、最も古い指紋記録を残している。

Mummy

トーロンマンの生存時期はどのように推定されたか？

トーロンマンの遺体の下には、苔の薄い層が発見された。その後の研究によって、この苔が初期鉄器時代にデンマークのピートボグに生えていたことが判明。その結果、遺体は鉄器時代初期に泥炭湿地に置かれたものと推定されることになったのだ。

Trivia

ヨーロッパの湿地ミイラ

デンマーク・グラウベール村

何者かの手で喉を切り裂かれ貧困生活を終えた30代の男性

デンマークの鉄器時代に関する最も優れた発見のひとつとされる、グラウベールマン。直接の死因は喉を切り開かれたことで、気管と食道も切り裂かれていた。この傷は自分で付けることは不可能で、何者かによって殺害された可能性が高いとされている。

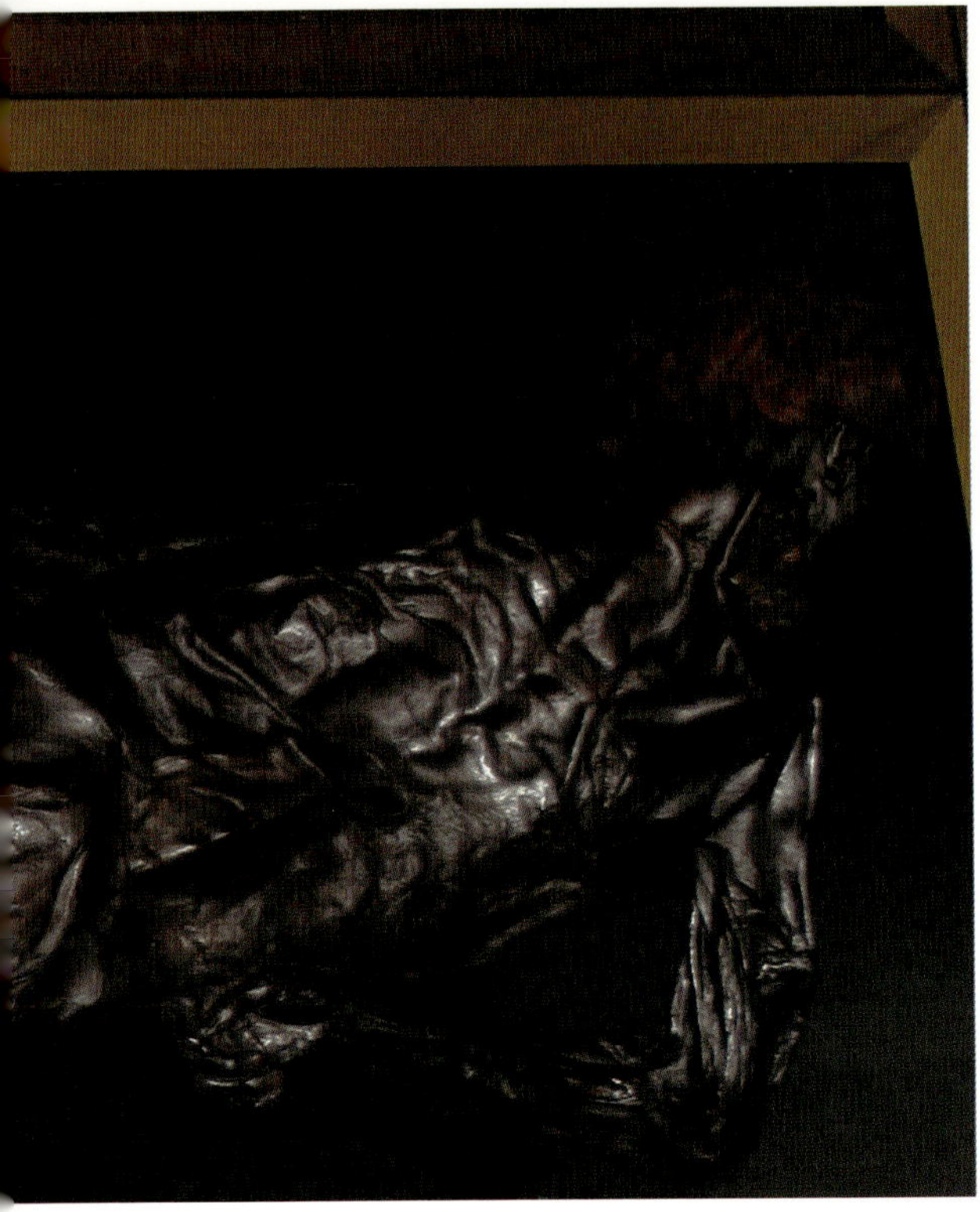

紀元前3世紀の鉄器時代に生存したと見られるグラウベールマン。子供時代の栄養事情が良くなかったことが、歯と顎に表れている。

身体に残された特徴から生前の貧困生活が見える

グラウベールマンは、1952年にユトランド半島・グラウベール村近郊の泥炭から発見された紀元前3世紀（鉄器時代）に生存したと見られる湿地ミイラ。

数多い湿地ミイラの中でも特に保存状態が良く、デンマークの先史時代に関する最も素晴らしい発見のひとつとされる。

頭髪は赤みがかっているが、生前は暗色だったと推定され、手と足からは指紋も採取されている。

その身体に残された様々な特徴から、生前の貧困生活が浮き彫りになっている。

手の表面は滑らかで重労働をしていたとは考えられないが、歯と顎からは幼年期の栄養状態があまり良くなかったことが判明。

死亡時の年齢は30代前後と推定されるものの、骨格からは

重度のカルシウム不足が、背骨からは老化に伴う椎間板の病変などが確認されている。
　直接の死因は喉を切り開かれたことで、気管と食道も切り裂かれていた。この傷は自分で付けることは不可能で、他殺であった可能性が高い。
　頭部の傷は当初、殺害の際に殴られた痕跡ではないかと考えられていたが、CTスキャンによる検査の結果、死後、長い時間をかけて泥炭の重みで押しつぶされたものと判明した。

1955年からグラウベールマンを展示しているオーフス近郊のモースゴー先史博物館。

鋭利な刃物で無残に殺害され身体の一部だけが残るミイラ

このクローニーカバンマンとオールドクロウハンマンは、ほぼ同じ時期にアイルランドの泥炭湿地で発見されている。同じ石器時代に生存したこと、何者かに殺害されたことだけでなく、現代に残っているのが切断された身体の一部だけ…という点でも共通している。

クローニーカバンマンの推定身長は約160cm。髪は上に持ち上げられ、整髪料で固定している。

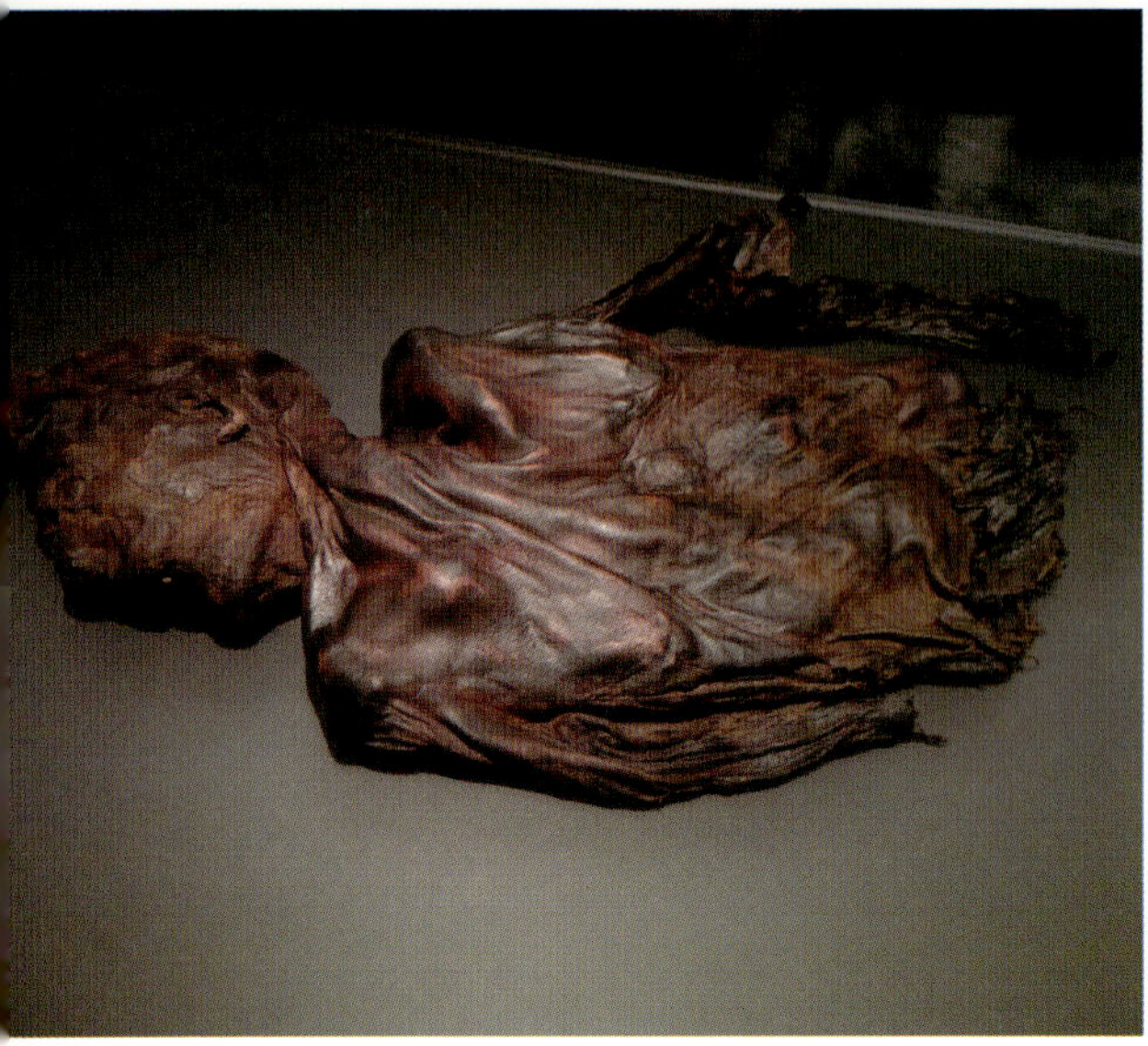

この2体の湿地ミイラは、首都ダブリンのアイルランド国立博物館で展示されている。

切断された亡骸に残る無残に殺害された痕跡

クローニーカバンマンは2003年にアイルランドで発見された紀元前2～3世紀の鉄器時代の湿地ミイラ。

名前はミーズ州バリバー近郊のクローニーカバンで発見されたことに由来する。

クローニーカバンマンは泥炭採掘中に発見された。採掘用の機械によって遺体は切断され、上半身だけが現存。遺体に残された傷跡から、何者かによって殺害されたことが明らかになっている。

頭蓋骨は鋭利な道具で切り開かれ、頭頂部には脳まで達する深い傷を負っている。

顔面にも鼻筋から右目の下にかけて大きな裂傷があり、これらの傷は斧《おの》のような鋭利な道具によってつけられたと見られ、儀式の生贄として殺害された可

オールドクロウハンマンは20代で殺害され、首は切り落とされて、胴体も上下に切断された。

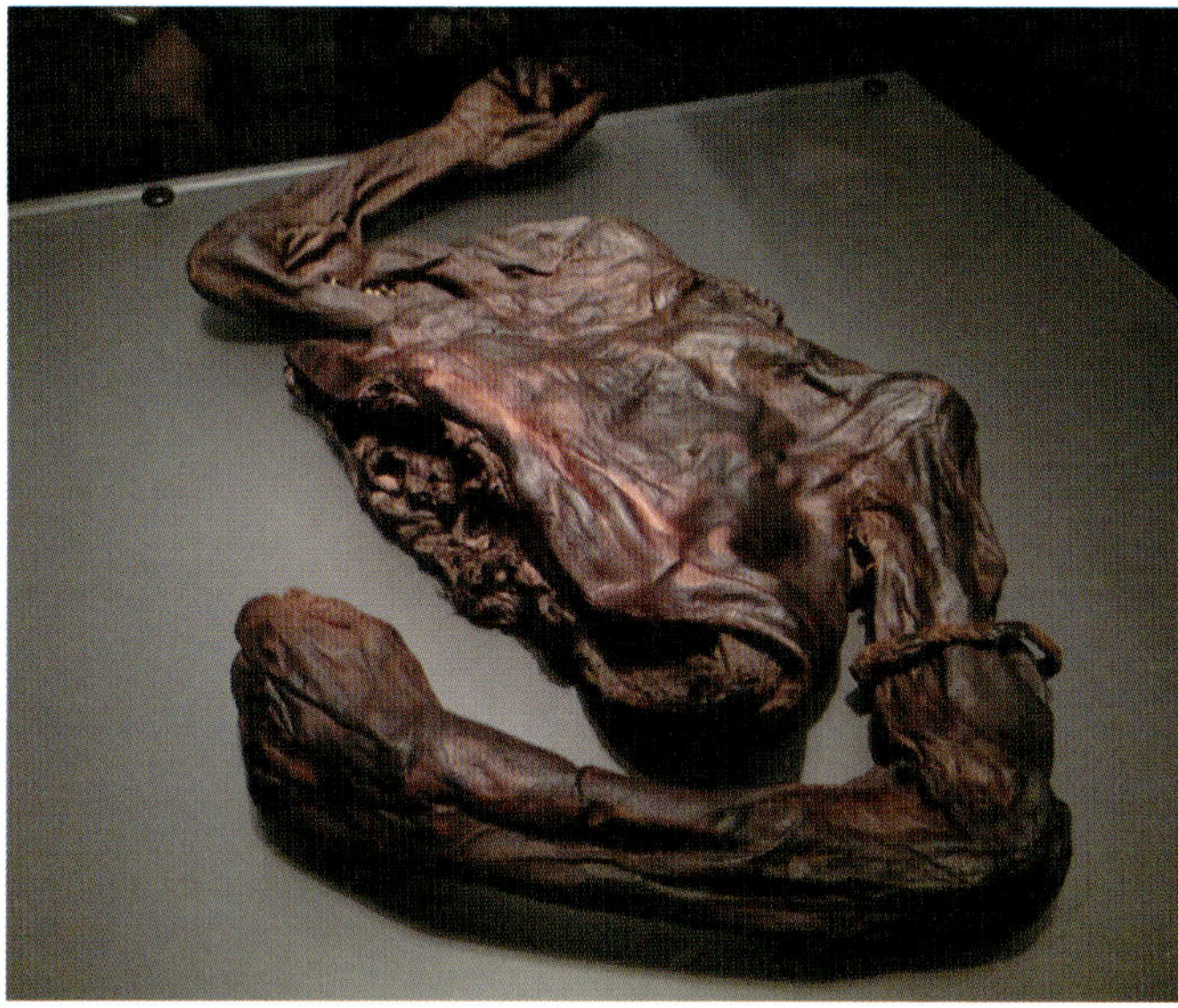

アイルランドの首都ダブリンの目抜き通りであるグラフトン・ストリート。

湿地ミイラが生存した鉄器時代を象徴するユニークな形の支石墓。

能性があると考えられている。

クローニーカバンマン発見の3カ月後に見つかったのが、オールドクロウハンマン。こちらも、鉄器時代の湿地ミイラだ。

発見地に近いオファリー州デインジアン北方のクロウハン・ヒルにちなんで名付けられた。

身長は腕の長さに基づいて1・98mと推定されたが、これほどの高身長は当時のアイルランドでも珍しい。

爪にはマニキュアが塗られており、肉体労働者ではなく、身分の高い人物であったことが推測される。

このオールドクロウハンマンは紀元前300年頃に死亡したと考えられ、推定年齢は20代前半。死因は胸を刺されたことで、死後に首は切り落とされ、胴体も上下に切断された。

片腕にも傷があり、死に際して抵抗した痕跡と見られている。

イデガールの頭部に残る傷は、発掘の際、採掘者が誤って損傷させたものだ。

首を羊毛のケープで絞められ16歳で殺害された金髪の少女

首に羊毛のケープが巻き付けられた状態で発見され、処刑されたか、生贄にされたと考えられているイデガール。その悲劇は殺害された時だけにとどまらない。発見後、イデ村の村民によって歯や髪を引き抜かれ、切り売りされるという事態にも見舞われている。

発掘の際に身体を切断され歯や髪は村人が売り飛ばす

イデガールはオランダのイデ村近郊にある泥炭湿地で発見された湿地ミイラ。紀元前1世紀頃に16歳前後で死亡したと推定されている。

発見されたのは1897年。当初、保存状態は極めて良かったが、発掘の際に採掘者が大きな損傷を与えてしまったため、残っているのは頭部の他に、胴部、右手、両足だけ。

さらに、歯や髪の大部分が村人によって引き抜かれ、切り売りされるという悲劇に見舞われ、亡骸は深刻なダメージを受けている。

彼女の髪は長く赤みがかった金髪で、片方の頭髪は死亡前に剃り落とされたと推測されたが、近年の研究によって、頭髪が剃り落とされたように見えるのは、頭部の片側だけが長期間に渡って酸素

閑静な家並みが続くイデ村の風景。100余年前に発見された少女の悲劇はここで起こった。

イデガール発見地の看板。生前の姿を想像した肖像画も掲げられている。

イデガールを展示しているドレンテ州の州都アッセンにあるドレンツ博物館。

首に羊毛のケープが巻き付けられていた発見当時のイデガールの遺骸。

に晒《さら》されたためと考えられている。

身長は137㎝。16歳の少女としては低身長で、脊椎側彎《せきついそくわん》症《しょう》を患っていたことも判明した。

発見時、彼女の首には羊毛のケープが巻き付けられ、鎖骨付近には刺し傷もみられたことから、処刑されたか、生贄にされたものと考えられている。

このイデガールは2000年代初めに世界中の博物館で展示されたが、死因がショッキングであったため、カナダでは展示を妨害する動きがあったという。

Mummy Trivia

保存に適した泥炭地は海に近い寒冷地にある

湿地ミイラの顔や皮膚の表面が良好な状態で保存されているのは、湿地の水分に含まれているタンニン酸が効果を発揮していることが主な要因とされている。ちなみに、ミイラの保存に適した泥炭地の多くは、海に近い寒冷地にあることも大きな特徴といえる。

Mummy Column Vol.4

作家・翻訳家　田中 真知

死者とは、私たちにとって、ときに生きている人たち以上にリアルな存在である。ふとした拍子にすぐそばに感じるという人もいるだろう。

物質的存在でなくなると「遺体」は「故人」になる

日本にも即身仏というミイラの伝統がある、といっても、現在残っているものは20体に満たない。失われてしまったものもあるとしても、即身仏はあくまで衆生救済を願う志の高い修行者による例外的なものである。

これらのミイラが当時どのくらいの信仰を集めていたのかはわからない。しかし、少なくとも現在の私たちが即身仏からありがたみや御利益を感じるかといえば、おそらくそうだとは答えにくいのではないか。

それは日本人の死のイメージが、死体という物質的なものではなく、形のないものに向けられているせいではないだろうか。

禅僧の南直哉氏は「死体」と「遺体」と「死者」はちがうと述べている。「死体」は無名で、1体、2体というふうに物質的に数えられる存在である。それが社会の中で誰であるかが認知されると「死体」は「遺体」となる。そして、この「遺体」が火葬され、物質的存在でなくなったときに「遺体」は「死者」または「故人」になる。

遺体があったままでは故人を偲べない日本の文化

死者とは、私たちにとって、ときに生きている人たち以上にリアルな存在である。ずっと前に亡くなった家族を、毎日のように思い出す人もいれば、ふとした拍子にすぐそばに感じるという人もいるだろう。

見ることも、触れることも、

▼**プロフィール**

田中真知　（たなか・まち）
作家。翻訳家。慶應義塾大学経済学部卒。1990年から1997年までエジプト在住。著書に『アフリカ旅物語』（凱風社）、『ある夜、ピラミッドで』『孤独な鳥はやさしく歌う』（旅行人）、『へんな毒、すごい毒』（技術評論社）。訳書に『神の刻印』（グラハム・ハンコック著／凱風社）、『転生—古代エジプトから甦った女考古学者』（ジョナサン・コット著／新潮社）など。

話すこともできないけれど、すでに肉体が存在しないからこそ、いろんなとき、いろんな場面の故人がリアルに思い出されるのではないか。遺体があっては、死者はそこまでリアリティーをもてない。遺体は死者を死んだときの時空の一点に固定してしまうからだ。

南氏は、僧侶の役割は「遺体を死者にすること」であり、「弔い」とは肉体のなくなった死者との関係をとりむすぶことであるという。

世界にはインドネシアのトラジャ族のように故人を偲ぶために、わざわざ遺体をミイラにする文化も存在する。しかし、日本は遺体があったままでは故人を偲べない文化を伝統的に育んできた。

即身仏が一般に広く知られていない理由は、そのあたりにあるのかもしれない。

第5章

ASIA & OCEANIA

アジア・オセアニアのミイラ

アジアやオセアニアのミイラは歴史的な背景と民族の風習が密接に結びついている。その発見場所も広大な砂漠から岩塩坑、大規模な墓、洞窟の中など多彩を極めている。

ミイラで発見された漢朝の政治家の貴婦人・辛追を美しく再現したレプリカ。

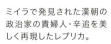

先祖をミイラにして崇拝する風習

先祖を燻製ミイラにして崇拝する
パプアニューギニアのアンガ族。

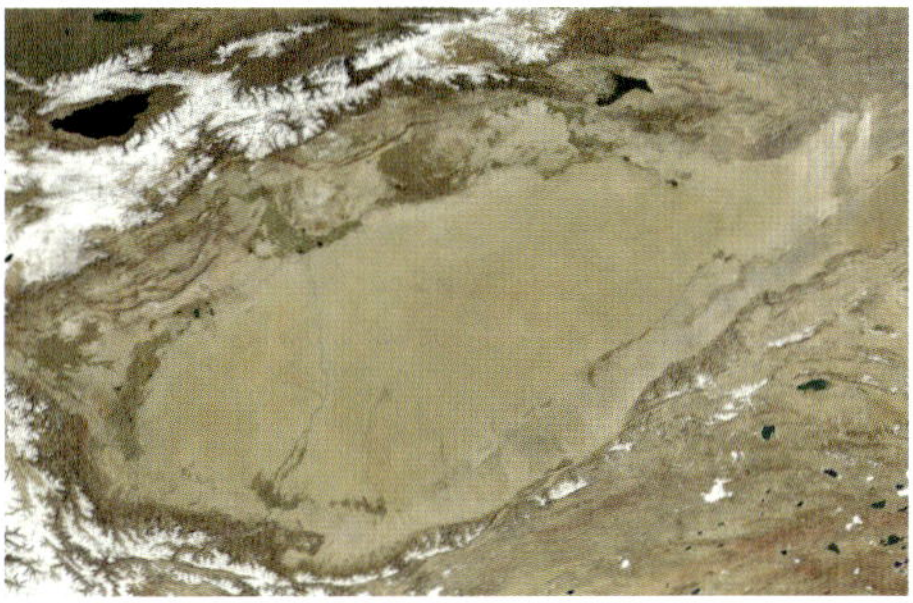

中央アジアのタクラマカン砂漠には、歴史的に
貴重なミイラが眠っていた。

タクラマカン砂漠で発掘された3800年前の「楼蘭の美女」

楼蘭《ろうらん》の美女は新疆《しんきょう》ウイグル自治区のタクラマカン砂漠で、1980年に発掘された。埋葬されたのは約3800年前。肌は白く、髪は黄褐色で顔の彫りは深い。楼蘭付近にヨーロッパ系の人種が暮らしていた…という歴史を物語っている。

紀元前19世紀に埋葬された楼蘭の美女。
発見当時は美しい白人女性だったという。

発見場所となった広大なタクラマカン砂漠は、タリム盆地の大半を占めている。

3800年前の楼蘭周辺に白人が暮らしていた証拠

新疆ウイグル自治区は中国の西北部に位置する広大な自治区。中国の自治区や省としては最大の広さを持つ。

北はモンゴルやロシア、西はカザフスタン、キルギス、タジキスタン、アフガニスタンなどの中央アジアの国々、南はチベットやパキスタンと接しており、地の利を活かして交易が盛んだったことは広く知られている。

その新疆ウイグル自治区のタクラマカン砂漠の東にある楼蘭鉄板河遺跡で、1980年に楼蘭の美女が発掘された。

楼蘭は、中央アジア、タリム盆地のタクラマカン砂漠北東部（現在の新疆ウイグル自治区チャルクリク）に、かつて存在した都市。

楼蘭の美女は今から約3800

世界との交易の窓口であるウルムチ地窩堡《ちかほ》国際空港。現在では中国西部地区の重要な拠点となっている。

楼蘭の美女は新疆ウイグル自治区博物館に展示されている。

年前の紀元前19世紀に埋葬されたもので、死亡時の推定年齢は40歳。身長は155㎝と推測されている。

発見当時は一目で美しい白人女性と分かるミイラで、肌は白く、髪は黄褐色で顔の彫りが深い。文字通りの美女だったため、現在は真っ黒に変色していることを残念がる人も少なくない。

この楼蘭の美女は、3800年前の楼蘭付近で、ヨーロッパ系の人種が生活していたという貴重な証明でもある。

Mummy Trivia

新疆の「疆」の文字は現地の地形を表現している

「疆」の字は正確に地形を表している。新疆ウイグル自治区はアルタイ、天山、崑崙《こんろん》という3つの山脈が東西に走り、その間にジュンガル盆地、タリム盆地がある。「疆」の字の右側は3本の「一」と2つの「田」。この「一」が山脈で、「田」が盆地を意味するという。

中国・湖南省長沙市

世界一の保存状態といわれる漢朝の貴婦人・辛追のミイラ

漢朝の政治家・利蒼《りそう》の妻であった辛追《しんつい》は、世界のミイラの中でも屈指のコンディションで発見された。生前は70kg超の肥満体が発見時は半分以下になっていたが、その身体には上流階級の貴婦人らしい贅沢三昧な生活の跡が残されていたという。

1972年に辛追や夫、子息が豪華な副葬品と共に発見された馬王堆漢墓。

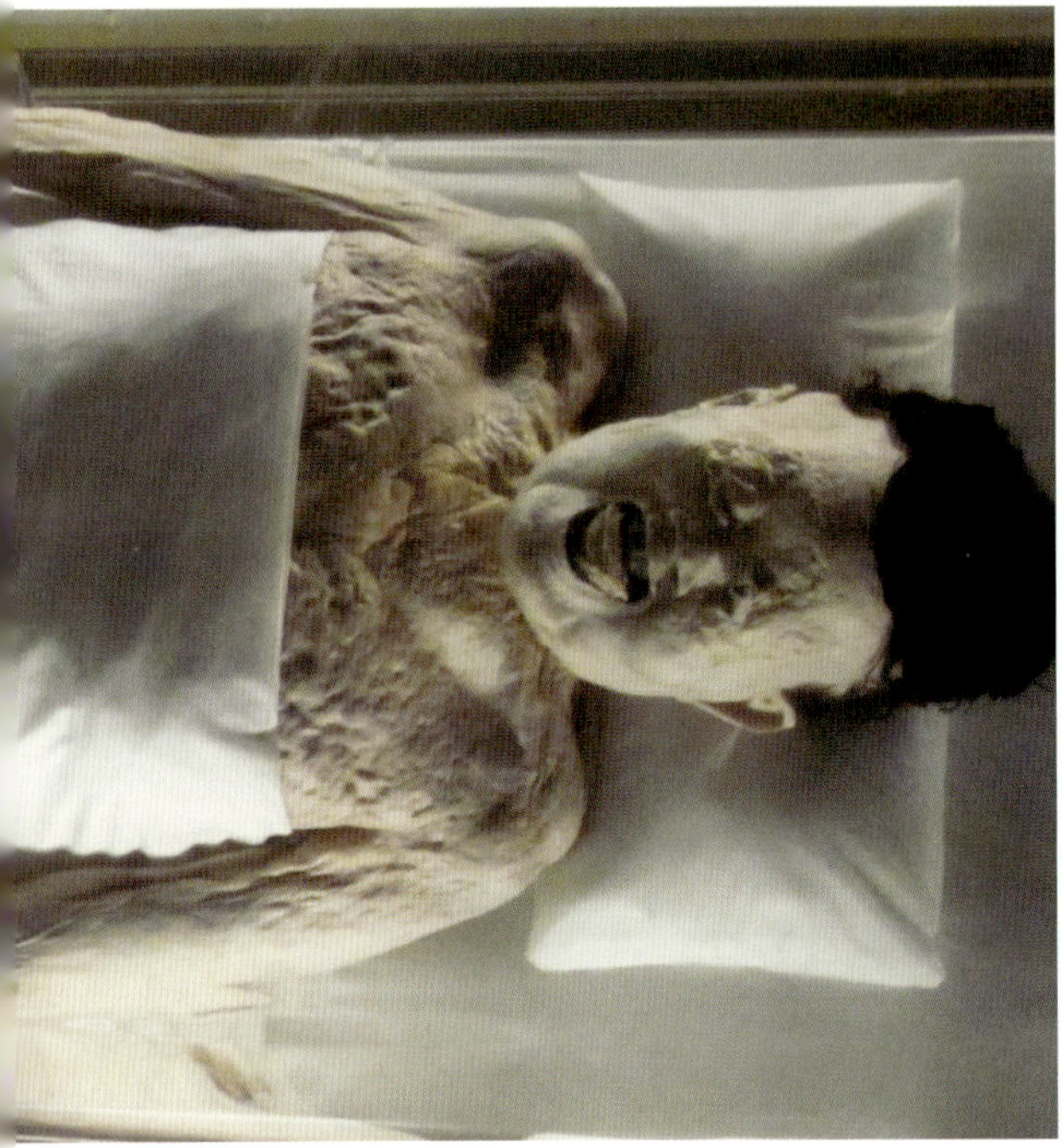

貴婦人として贅沢な生活を送った辛追には、様々な病気の痕跡があった。

肌は柔らかく湿り気を帯び血管には血液が残っていた

世界中に存在するミイラの中で、最も良好な状態で発見されたといわれるのが、紀元前163年に亡くなった辛追。漢朝の政治家であった利蒼の妻だ。損傷はほとんどなく、肌は柔らかく湿り気を帯びており、血管には、まだ血液が残っていたという。

利蒼は前漢初期に長沙国《ちょうさこく》の宰相を務め、初代の軑侯《たいこう》となった政治家。辛追は上流階級の貴婦人として贅沢三昧な生活を送り、専属の音楽家を抱えて、優雅な食事を愉しむことが日常だったといわれる。

辛追や夫の利蒼、その子息が眠る馬王堆漢墓《まおうたいかんぼ》（湖南省長沙市）が発掘されたのは1972年。

その副葬品には貴重な工芸品や帛書《はくしょ》が含まれ、中国古代史研

辛追のミイラは湖南省長沙市にある湖南省博物館に展示されている。

辛追の生前の姿を復元したモデル。キツい表情は貴婦人ならでは!?

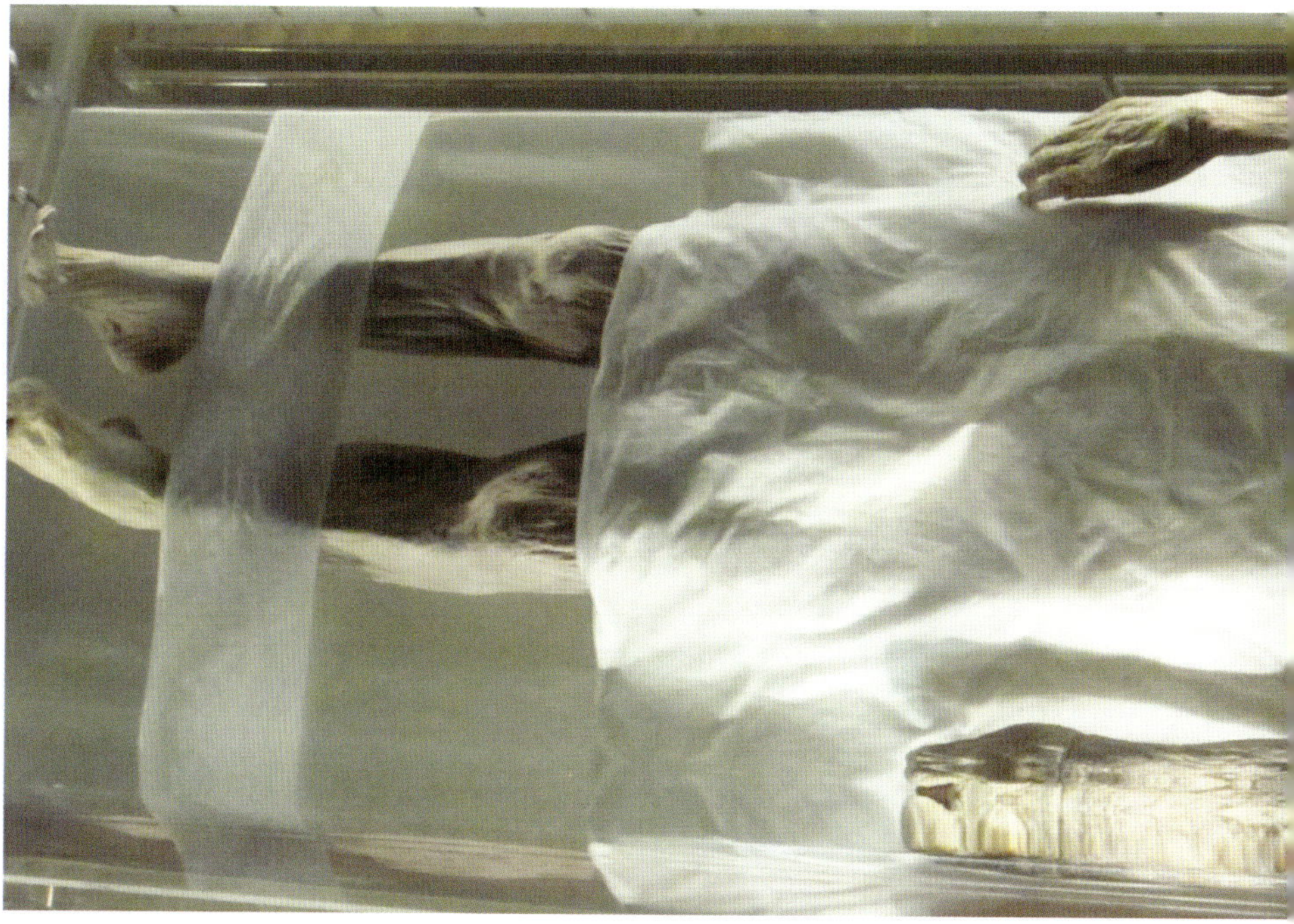

究にとって多くの重要な資料をもたらしたが、何より注目を集めたのは、その遺体がまるで生きているようであったことだ。

身長154・5㎝、体重34・3kgで発見された辛追は、その後の研究によって、50歳前後で死亡したことがわかった。血液型はA型で、皮膚の表面は弾力性を残していたことが判明。様々な成人病を患っていたことも判明した。

直接の死因は心臓病で、亡くなる直前に多量に食べた西瓜《すいか》の種が内臓に残っていたという。

Mummy Trivia

辛追は70kg超の肥満体で歩行が困難だったらしい

解剖の結果、辛追は皮下脂肪の多い肥満体で、生前の体重は70kgを超えていたと推定されている。冠状動脈疾患がひどく、多発性胆石症も患い、ギックリ腰の徴候も見られた。生前は歩行も困難だったようで、副葬品の中から杖も見つかっている。

日本で最も有名な宣教師フランシスコ・ザビエルのミイラ

日本にキリスト教を伝道したことで知られるフランシスコ・ザビエルは、インドでミイラとなって安置されている。亡くなったのは1552年。その後、イエズス会総長の命令によって亡骸は切断され、世界各地でバラバラに保存されているという。

一般公開は10年に1度。没後460年余りを経ても、多くの人々が祈りを捧げている。

亡骸は様々に切断され各国で分散保存されている

フランシスコ・ザビエルといえば、1549年に日本に初めてキリスト教を伝えたことで知られるが、ザビエルの遺体がミイラになっていることはあまり知られていない。

ザビエルは1506年にスペインのナバラ王国で生まれたカトリック教会の司祭で、イエズス会の創設メンバーのひとり。日本やインドなどで宣教活動を行ない、聖パウロを超えるほど、多くの人々をキリスト教信仰に導いたといわれている。

日本での2年余りの布教活動の後、中国に渡って46歳で亡くなったのが1552年。

その後、遺体はインドのゴアに移送され、1624年にボム・ジェズ大聖堂に移されて今日に至っている。

ザビエルは日本、中国、東南アジアで布教を続け、亡くなって聖人となった。

サビエルが眠るインド・ゴア州の古都オールドゴアにあるボム・ジェズ教会。

Mummy

来日したザビエルが驚愕した日本の風習

布教のためにザビエルが来日した際、最も驚いたのは「衆道《しゅどう》」(同性愛や男色)が公然と行なわれていたことだという。キリスト教では重罪だが、室町時代の日本では、戦場の武士や女性の少ない都市圏など、男女比に偏りがある場所では衆道が盛んだったのだ。

Trivia

その一般公開は10年に1度。亡くなってから460年余りを経た今なお、多くの人々が集まって、ザビエルに崇敬の祈りを捧げている。

ちなみに、1614年にイエズス会総長の命令によって、ザビエルの右腕は切断され、ローマのジェズ教会に安置された。

他にも、右腕上膊《じょうはく》はマカオ、耳や毛髪はポルトガルのリスボン、日本のカトリック教会にも骨や皮膚の一部が分散保存されている。

アジア・オセアニアのミイラ

イラン・テヘラン

岩塩坑で採掘中に発見された古代イランの「ソルトマン」

ソルトマンはイランの岩塩坑で発見された。最初に見つかったのは頭部のみ。その後、他の部分や2体目が発掘されると本格的な調査が開始され、計6体のソルトマンが確認されている。そのすべてが、岩塩坑での落盤の犠牲者と考えられている。

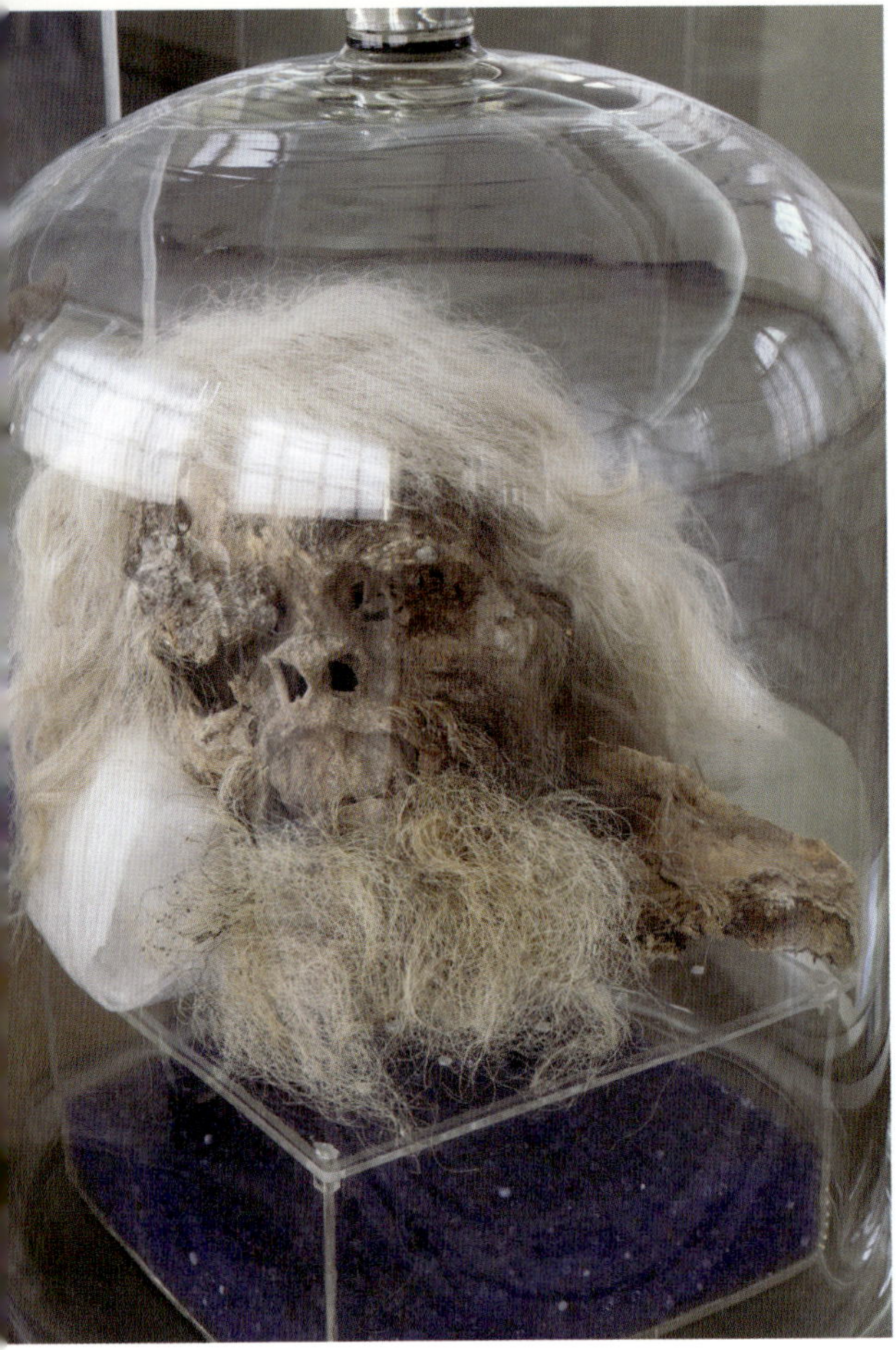

1994年に最初に発見されたソルトマン。見つかったのは切断された頭部だけだった。

計6体の塩漬けミイラは岩塩坑の落盤の犠牲者か？

イラン北西部の村には、岩の大地に巨大な岩塩ドームが突き出した岩塩坑がある。

この岩塩坑を採掘していた1994年、切断された頭部だけのミイラが発見された。塩の影響で水分がないため、保存状態は極めて良好だった。

耳には金のイヤリング、長髪で頬から顎にかけて髭を生やしていた。このミイラは岩塩坑で発見されたことから、ソルトマンと呼ばれた。

その後の発掘によって、革のブーツをはいた足など、身体の残りの部分も出てきた。3本の鉄のナイフ、ウールの半ズボンなども発見された。

これらの発掘品を調べた結果、約1700年前、ペルシャ帝国のササン朝時代のものであるこ

世界遺産であるペルシャ帝国の都ペルセポリスでは、現在も発掘調査が進められている。

ソルトマンのミイラは、テヘランにある国立考古学博物館に展示されている。

首都テヘランはイランの文化的、宗教的な中心地。数多くの博物館や美術館、宮殿がある。

とが判明した。

さらに、2004年に2体目のソルトマンが発見されると、本格的な発掘が始まり、これまでに計6体のミイラが確認された。

2体目のソルトマンは最初のミイラとほぼ同時代と判ったが、3体目以降は、2200年前のペルシャ帝国の最初のアケメネス朝時代まで遡《さかのぼ》ることが判っている。

研究者たちは、ソルトマンの全員が岩塩坑での落盤の犠牲者ではないかと考えているという。

コラム

なぜ高い身分の人が岩塩坑にいたのか？

最初に発見されたソルトマンは、目の周囲の骨折が致命傷だった。身に付けていたイヤリングなどから、高い身分にあったことも判明した。なぜ高い地位の人が岩塩坑にいたのか。殺されて遺棄されたのか、本当に崩落の犠牲者だったのか、謎のままだ。

瞑想の姿勢で安置されているサングラスをかけた高僧

高温多湿な気候のタイで、瞑想する姿勢のまま、腐敗せずに保存されているミイラがある。サングラス姿で有名なルアン・ポー・デーン僧のミイラだ。果たして、瞑想の姿勢のまま保存されている理由は何か？　なぜ、このミイラはサングラスをしているのだろうか？

死後もミイラとなって衆生救済に尽くす高僧。
高温多湿でも腐らないのは、仏様の御加護か？

サングラスをしているのは目の傷みを隠すことが目的

サムイ島はタイで3番目に大きな島。ココナッツの木が生い茂ることから、ココナッツ・アイランドとも呼ばれている。

その島の南東部、観光名所のナムアンの滝のほど近くに、緑に囲まれたワット・クラナムがある。ワットとは、タイ語でお寺の意味。

この寺院にサングラスをかけた高僧のミイラが安置されている。僧院長だったルアン・ポー・デーン僧のミイラで、死後46年を経ても、髪の毛や耳、歯や腕の皮膚など、生前の姿を思い起こせるほど、良好な状態で保存されている。

ルアン僧はカンボジアの貧しい家で生まれ、50歳の時に出家。僧侶となって瞑想の修行を重ね、約20年の間に、僧侶、一般人を問わず、たくさんの弟子に恵まれて、タイ屈指の僧侶といわれた。

寺院の正面にある祭壇の奥に、ガラスケースに入れられてミイラの高僧が安置されている。

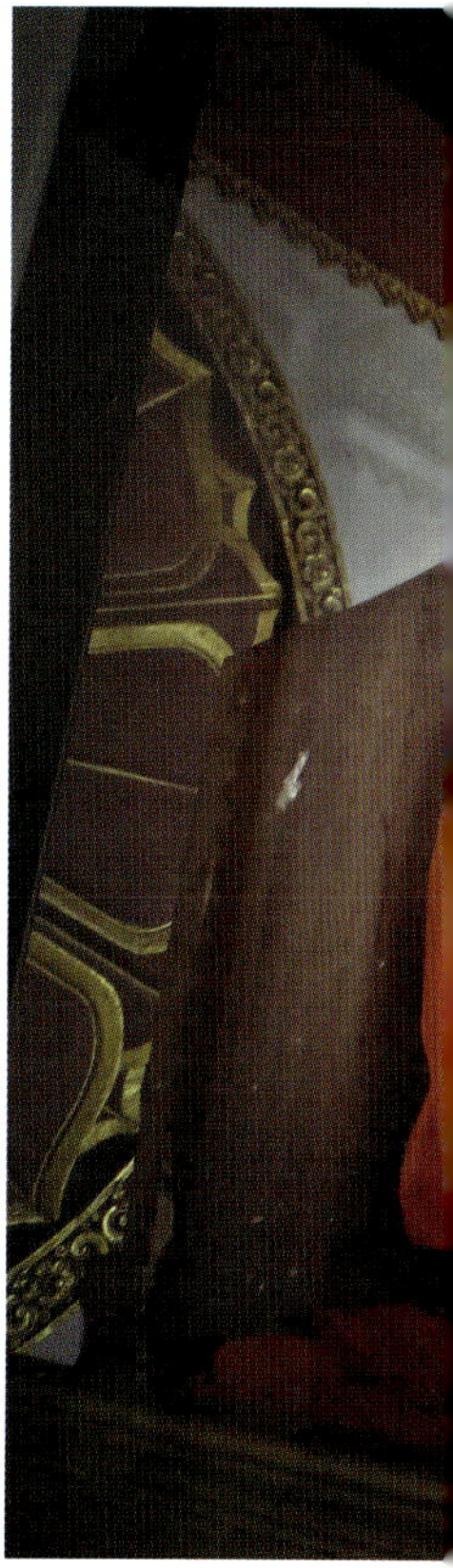

ワット・クラナムはサムイ島で最も賑やかなチャウエン・ビーチからタクシーで約20分。

首都バンコクから飛行機で約１時間15分。ココナッツの木が茂るサムイ島の夕暮れ。

このルアン僧はまた、自身の死期を正確に予測したことで知られ、生前の予言通り、１９７３年に79歳８カ月の生涯を閉じた。

その身体は死後も腐ることはなく、弟子たちは、「仏教の教えに倣《なら》えば、苦しみから救われることを後世に伝えたい。そのシンボルとして祀《まつ》って欲しい」という遺言に従い、師の亡骸を瞑想する際の真っ直ぐな姿勢に正し、ケースに入れて安置した。

サングラスをかけているのは、目の傷みを隠すためだという。

Mummy

寺院の中で履物は厳禁
土足ＯＫなのは誰か？

仏像などが建物内に祀られているタイの寺院では、履物を脱がなければならない。近年は服装や履物について厳しく言われないところも増えてきたが、ワット・クラナムでは厳禁。靴や靴下を脱いで、裸足になる必要がある。唯一、土足でいいのは「犬」だけだという。

Trivia

アジア・オセアニアのミイラ

インドネシア・スラウェシ島

ミイラと遺族が共に暮らす…特異な葬儀を行なうトラジャ族

インドネシア・スラウェシ島のトラジャ族には、家族が亡くなると、その亡骸をミイラにして祀る風習がある。ミイラとなった家族は断崖絶壁に据えられた墓に安置されるが、折に触れてミイラを運び出し、大切に手入れをするのが通例だという。

「死ぬために生きている」といわれるトラジャ族。盛大な葬儀の後、遺体は絶壁の墓に安置される。

トラジャ族の伝統的な家屋であるトンコナン。貴族階級の人たちが暮らした家だ。

数年に及ぶ準備期間を経て盛大な葬儀が執り行なわれる

トラジャ族は、インドネシアのスラウェシ島の山間地帯に住むマレー系の先住少数民族。その民族名は、コーヒーのブランドにも使われている。

トラジャ族の人々は、家族が亡くなると、遺体と共にしばらく一緒に暮らす。

それは葬儀が終わるまで、故人は正式に亡くなったとは見なされず、その魂が村の中を一時的に彷徨っているだけ…と考えられているからだ。

葬儀はマバルン（屍衣《しい》に納める）やマハレンペ（遺体を穀倉に運ぶ）など、約1週間に及ぶ様々な儀式が行なわれる予備葬儀から始まり、長ければ数年の準備期間を経て、盛大な本葬が執り行なわれる。

身分の高い人の葬儀には数千

伝統的な衣装を着たトラジャ族の愛らしい少女たち。

トラジャ族固有の断崖絶壁に設置されている墓の数々。

家族の遺体は風通しのいい場所に安置され、時間をかけてゆっくりとミイラにされる。

人が参列。笛の演奏、葬送曲の唱和、歌や詩、泣き叫ぶ行為など、トラジャ伝統の悲嘆を表す行事が繰り広げられる。

この間、遺体は風通しのいい場所に安置されるが、死後まもなくホルマリンで防腐処置が施されているため腐敗することはなく、時間をかけてゆっくりとミイラになる。

盛大な儀式をして葬った後も、数年に一度は墓を訪れ、ミイラを運び出して汚れを落としたりする習慣があるという。

Mummy Trivia

生贄となる水牛の屠殺は葬儀の重要な儀式

葬儀における重要な儀式のひとつが、生贄となる水牛の屠殺。聖性があるとされるまだらな斑点のある牛と腹部の赤い牛が喜ばれ、特権階級の死者となると、生贄は数十頭にもなる。水牛の胴体と頭は式場に並べられ、主人(の魂)が来訪するのを待つという。

アジア・オセアニアのミイラ
パプアニューギニア・
モロベ州

先祖を燻製《くんせい》ミイラにして崇拝するマカ不思議なアンガ族の風習

パプアニューギニアの奥地に住むアンガ族には、生前に尊敬された人のミイラを、崖の見晴らしのいい場所に安置する習慣があった。死者が村を外敵から守ってくれると信じているからで、高い場所に安置するのは、侵入者を監視し易くするためだという。

特別な祭事があると、アンガ族では先祖のミイラを定期的に手入れする習慣があった。

パプアニューギニアのラバウル近郊にあるダブルブル火山。神聖なる活火山だ。

専用の小屋に安置され乾燥するまで煙でいぶす

南太平洋パプアニューギニア・モロベ州の奥地には、先祖崇拝の一環として、燻製ミイラを作る風習があった。現在、確認できる最古のミイラは200年ほど前のものとされている。

アンガ族で人が亡くなると、遺体の膝や肘《ひじ》に切り込みを入れて竹槍を突き刺し、脂肪を抜き取ることから儀式が始まる。

そこで採取した脂肪は、遺族たちの髪に塗り込まれる。こうすることで、死者が生前に持っていた強さが、残された人々に受け継がれるのだという。

同じ理由から、余った脂肪は食用油として使われることもあったらしい。

その後、遺体は専用の小屋に安置され、皮膚と内臓が乾燥するまで煙でいぶされる。

現在の国会議事堂。政治の世界は男性中心で、女性議員は数えるほどしかいない。

首都ポートモレスビーの様子。今なお、貧困層が過半数を占めているという。

崖に安置されたミイラには、村に侵入する者を監視する役目があったという。

完成したミイラは、竹などを組み合わせた台の上で、朽ち果てるまで崖に安置するが、彼らは死者が村を外敵から守ってくれると信じており、侵入者を監視し易いように、生前に尊敬された人のミイラは、崖の見晴らしのいい場所に置かれた。

特別な祭事が催される時には、一族が先祖を崖から下ろし、祀ることもあったらしい。

このような死後の姿は、アンガ族の人たちにとって、最高に名誉なことだったという。

Mummy Trivia

奥地の少数部族の間で密かに続くミイラの風習

アンガ族のミイラの風習は1975年、パプアニューギニア独立の際に、問題視したカトリック教会の影響で禁止されている。だが、外部の人間が足を踏み入れない奥地では、ごく少数の部族の間で、死者をミイラ化する行為が続いているという。

Mummy Column Vol.5

仏教学者　佐々木閑

ミイラだからこそ、人々は「拝むこと」を実感できる。そしてその果報を期待しながら希望を持って生きることができます。

仏教とミイラは意外に関係が深い

　ツタンカーメンは黄金のマスクで有名ですが、タイなどの熱心な仏教国では、身体そのものが黄金に輝く、僧侶のミイラが各地に保存されています。

　死後、ミイラにしたあと、全身に金箔を貼ってガラスケースに横たえて寺の本堂に安置するのです。これは、生前皆から尊敬されていた高僧を、亡くなった後に信者さんたちがミイラにしたもので、言ってみれば「生《なま》身《み》の仏像」です。

　人々はそれを日々拝み、供養しています。仏教とミイラは意外に関係が深いのです。

　そんな仏教は、2500年前、釈迦によって創られました。釈迦は80歳で亡くなりましたが、お葬式は火葬でした。その遺骨は八万四千に分割され、仏教世界の隅々にまで運ばれて、そこに八万四千のお墓が建てられたと言われています。

　この釈迦のお墓を日本語で「仏塔」と言います。仏塔とは、「釈迦の遺骨を安置してあるお墓」ということなのです。日本の五重塔なども本来は、釈迦の遺骨を祀るお墓です。

ミイラが受け止めてくれる仏教信者の真摯な思い

　黄金に輝く僧侶のミイラと、釈迦の骨を納めた仏塔。全然関係がないように思えますが、その根底には実は全く同じ思いが込められています。

　それは、「立派な人の形見を身近に置いて、いつまでも供養したい」という熱意です。釈迦はもういませんが、その代わり

▼プロフィール

佐々木閑　（ささき・しずか）
仏教学者。京都大学工学部および文学部哲学科卒。文学部大学院博士課程からカリフォルニア大学バークレー校に留学。現在、花園大学教授。専門はインド仏教史、仏教哲学。著書に『大乗仏教―ブッダの教えはどこへ向かうのか』(NHK出版)、『ネットカルマ　邪悪なバーチャル世界からの脱出』(KADOKAWA)、『ブッダに学ぶ「やり抜く力」』(宝島社)など。

となる仏塔を拝むことで、大いなる果報をもらいたい。それが仏塔を崇拝する人々の気持ちです。

しかし、釈迦は骨となり、塔の中に納められて姿は見えません。世界一立派な人であることは分かっていても、なんとなく寂しい。そんな人々の心を捉えるのが、在りし日の姿そのままで目の前に横たわる高僧のミイラです。

ミイラだからこそ、人々は「拝むこと」を実感できる。そしてその果報を期待しながら希望を持って生きることができます。高僧のミイラは釈迦の骨にも匹敵する、幸せへの重要アイテムなのです。

仏教信者の真摯な思いをミイラがしっかり受け止めてくれる、そんな世界もあるということを知っておいてください。

第6章

JAPAN

日本のミイラ（即身仏）

生きながら土中に入り、永遠の肉体に魂を宿そうとした日本の「即身仏」。死後の遺体に人工的な処理を施したミイラとは異なり、即身仏となるには生前から何千日もの過酷な修行が必要だった。自ら即身仏になろうと決意した僧侶たちの姿に迫る。

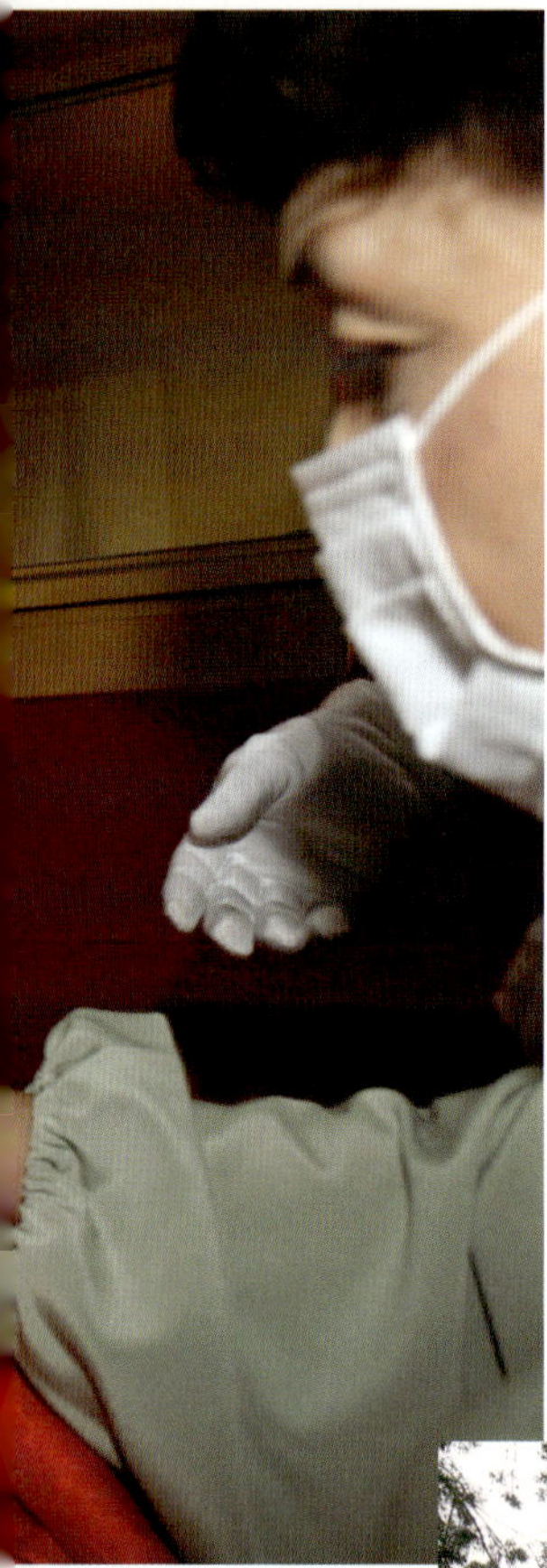

真如海上人を安置している湯殿山総本寺 瀧水寺大日坊の本堂。
写真提供／湯殿山総本寺 瀧水寺大日坊

6年に1度、丑年と未年の6月1日に行われる真如海上人の衣替え。
写真提供／湯殿山総本寺 瀧水寺大日坊

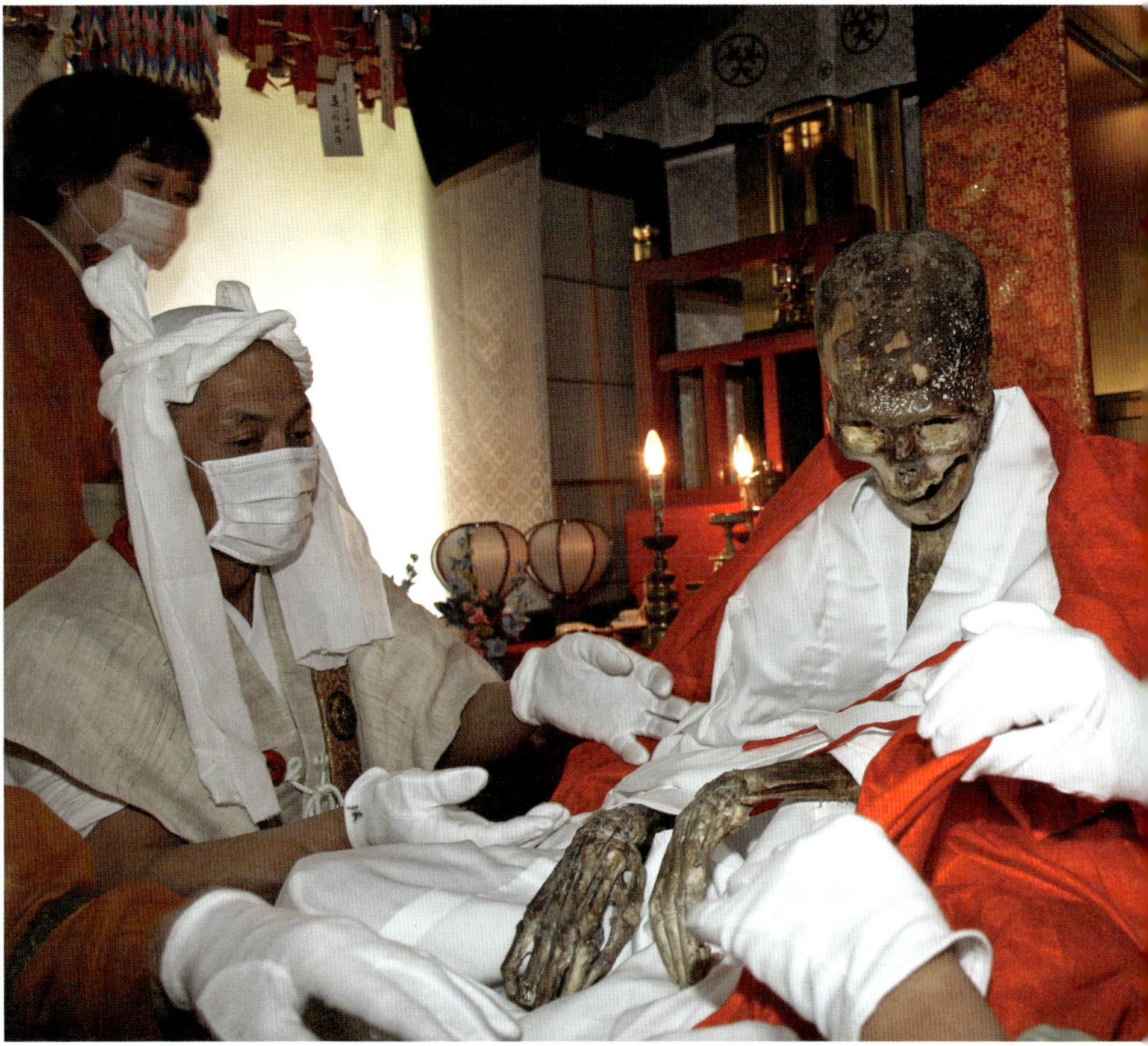

難行苦行を積み、自ら「即身仏」となる

出羽三山のうちの月山《がっさん》の姥ケ岳《うばがたけ》と湯殿山《ゆどのさん》。出羽三山とは羽黒山《はぐろさん》、月山、湯殿山の総称で、修験道の山として知られる。

僧侶はなぜ過酷な修行をして「即身仏」になったのか？

修験道の霊地として知られる出羽三山の湯殿山を中心に、日本国内には十数体の「即身仏」が現存するといわれている。難行苦行を積み重ね、自ら即身仏となった僧侶や一世行人が、時空を超えて後世に伝えようとした信仰と願いとは？

［即身仏になるための修行］

上人が即身仏となるためには、「木食行」と「土中入定」という２段階の過酷な修行を積まなくてはならない。

①木食行《もくじきぎょう》

土中入定のための準備。米や麦を断ち、木の実などで命を繋ぎながら脂肪や水分を落とす。最後は漆の樹液を飲み、汗をかき、嘔吐を繰り返して水分を絞り出す場合もある。漆の樹液には細菌や蛆の繁殖を抑え、防腐剤としての効果がある。

②土中入定《どちゅうにゅうじょう》

山の塚に深さ３ｍほどの穴を掘って石室を築き、木棺を納めて大小２本の竹筒を差す。大の筒は上人から要求があった際、細長い瓢箪に水を入れて降ろすため。水以外は断食し、この状態で無言の行を続ける。絶命が確認されると、その後は竹筒を抜き、空気が入らないように穴を塞ぐ。地中深い穴のため、夏は涼しく冬は温かく一定の温度を保つので、自然乾燥に繋がる。

即身仏として肉体を残し人々の救済を祈り続ける

即身仏とは、僧侶や仏道の修行に一生を捧げた一世行人《いっせぎょうにん》といわれる行者が、生身のまま土中に入って自らの肉体を永遠に残そうとしたものだ。

弘法大師空海が伝えた真言密教では、厳しい修行を積み重ねることで、その身が即ち仏になると説く（＝即身成仏《そくしんじょうぶつ》）。この教えが即身仏志願者にも影響を与えたといわれる。

そのため、即身仏となるには過酷な修行が欠かせない。

まず山に籠《こも》り、１０００日や３０００日といった長い期間の修行を積む。中心的な苦行は木《もく》食行《じきぎょう》で、穀物を断ち、草花や木の実だけを口にする。

やがて体が痩せ細り、死期が迫ると、土中に組まれた石室に生きながら入る。口にするのは

［日本の即身仏 所在地］

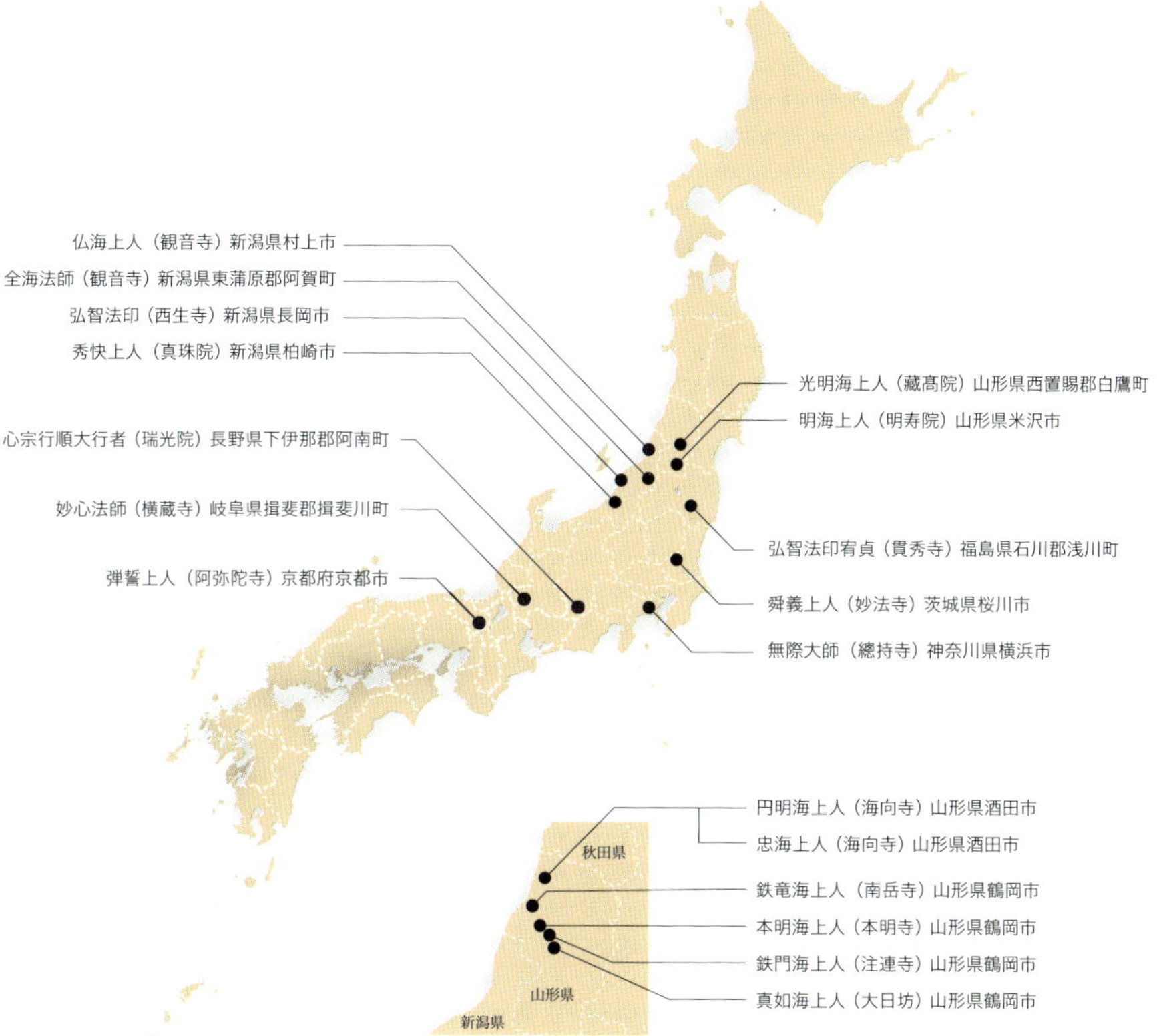

水だけで、絶命するまで無言で祈り続けるのだ（＝土中入定《どちゅうにゅうじょう》）。遺体は一定の期間を経て掘り返され、乾燥や手当てが施されて即身仏として祀られる。

入定者がこれほど過酷な修行に耐えて即身仏を志したのは、肉体と魂の永遠性を獲得し、病気や飢饉《ききん》に苦しむ民衆を救済するためだったという。

苦行の末に我が身を捧げ、衆生救済を祈願した即身仏は、今も各地で多くの人々の尊敬と信仰を集めている。

Mummy Trivia

即身仏となるために欠かせなかった木食行

木食行では、まず米、麦、豆、アワ、キビなどを断つ「五穀断ち」を行い、続いてソバ、アズキ、ヒエ、イモ、トウモロコシなども断つ「十穀断ち」を行う。木食行で生前から体内の脂肪分を落としておくことは、即身仏が腐敗するのを防ぐためにも重要だった。

大飢饉の救済祈願のために入定 真如海上人（大日坊）

弘法大師空海によって開創された東北地方有数の霊場、湯殿山総本寺瀧水寺大日坊。この古刹に祀られている真如海上人は、大飢饉で苦しむ人々のために、高齢の身で土中入定し即身仏となった。一生を仏門に捧げた背景には何があったのか？

真如海上人の即身仏。
写真提供／湯殿山総本寺　瀧水寺大日坊（本稿すべて）

予期せぬ事故から一世行人に最高齢で即身仏となる

真如海上人が入定したのは、1783（天明3）年のことだ。この年は天明大飢饉という歴史的な大飢饉が東北地方を襲い、疫病が流行り、浅間山の大噴火もあった年である。死者は数十万人にのぼったとされる。

真如海上人は、この地獄的な状況のなかで苦しむ人々の救済を祈願し、入定したという。享年96歳。現存する日本の即身仏では最高齢である。

真如海上人は、大日坊《だいにちぼう》からほど近い朝日村越中山に生まれた。毎年湯殿山参りをする信仰の厚い青年だったそうだ。

寺伝によると、ある時、橇《そり》で山から材木を運んでいると、3人の子供から乗せてくれとせがまれた。しかし、1人がしっかり掴まっておらず、振り落とさ

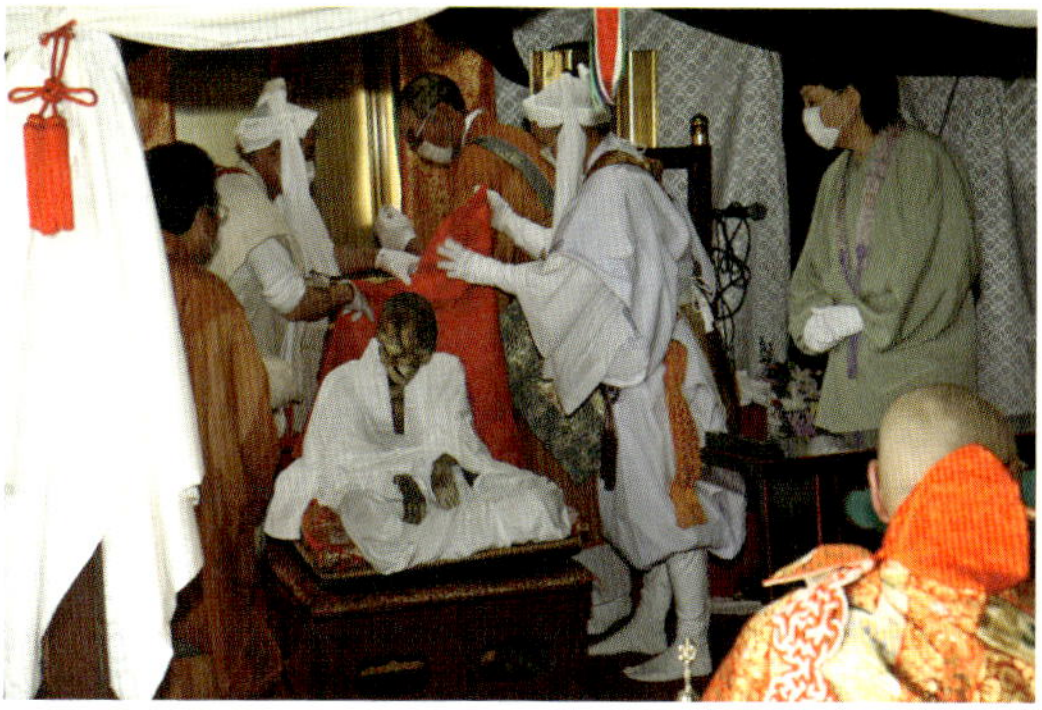

衣替えの法要には信者が全国から参詣する。
脱いだ御衣はお守りとなる。

湯殿山総本寺 瀧水寺大日坊は、徳川家光の乳母・春日局が家光を将軍の座につけるために祈願したことでも知られる。

【アクセス】
山形県鶴岡市大網
字入道11
TEL 0235-54-6301

れて亡くなってしまった。
これを悔やんだ上人は、一生をかけて償うために大日坊に入門。一世行人となり、入定するまで70年以上も難行苦行を積み重ねた。人々に慈悲を施し、生き仏と尊ばれたのである。
土中入定の際は、塚に大小2本の竹筒を差した。小の筒の中には、先に鈴を結んだ2本の紐を通し、朝と夕に地上と地下でチリンとやり取りしたという。上人からの返鈴がなくなれば仏になった証としたそうだ。

Mummy Trivia

即身仏の名前には
なぜ「海」の字がつくのか

即身仏の名前には「海」の字がつくことが多いが、これは真言宗の開祖、弘法大師空海に由来するもので「海号」という。空海が高野山で入定したとされる空海即身仏伝説が、各地の即身仏に影響を与えたといわれる。

湯殿山で最初の即身仏となった本明海上人（本明寺）

湯殿山系即身仏のなかで最初に即身仏となったのが、不動山本明寺に祀られている本明海上人だ。荘内藩主の酒井家に仕える下級武士の家に生まれた本明海上人は、武士の身分を捨て、妻子を置いてまで即身仏への道をひたすら歩んだ。

本明寺の即身仏堂に祀られる本明海上人。即身仏堂の隣に入定塚がある。
写真提供／奥野安彦

湯殿山の風景。仙人沢は一世行人の修行地として知られる。

【アクセス】
山形県鶴岡市東岩本
字内野388
TEL 0235-53-2269

武士の身分を捨て湯殿山へ松の皮だけを食べて入定

本明海《ほんみょうかい》上人は、江戸時代初期の1623年（元和《げんな》9）に庄内藩の下級武士の家に生まれた。もともと湯殿山への信仰が厚かったが、39歳の時に藩主が病気になり、その全快祈願のために湯殿山に代参した。

この時、霊感を受けてそのまま湯殿山の仙人沢に籠り、武士の身分を捨て、妻子を置いて、注連《ちゅうれん》寺で出家したという。

のちに荒廃していた本明《ほんみょう》寺を復興させ、即身仏となる準備を始める。1000日の五穀断ちのあとに、さらに1000日の十穀断ち、その後は松の皮だけを口にして過ごし、61歳で入定したとされる。

「末世の人が真心から信心すれば、どんな願いでも遂げさせてやろう」と遺言したと伝わる。

日本のミイラ（即身仏）

山形
鶴岡市

行者の神様と讃えられた鉄門海上人（注連寺）

人々の悩みや苦しみに寄り添い続け、「行者の神様」と讃えられた鉄門海上人。気性の荒い川人足から一転し、その生涯をかけて湯殿山信仰を各地に布教し、難儀な山道だった加茂坂に新道を切り開き、病気平癒の祈願に力を尽くした。

多くの人に慕われた鉄門海上人。その名が刻まれた石碑が各地に残る。
写真提供／奥野安彦

注連寺の本堂。
写真提供／湯殿山注連寺

【アクセス】
山形県鶴岡市大網
字中台92-1
TEL 0235-54-6536

「荒くれ者の鉄」から衆生救済の行者の神様に

湯殿山注連寺は、多くの湯殿山系即身仏が入門した即身仏の聖地ともいえる寺である。

鉄門海《てつもんかい》上人がこの注連寺に入門したのは、1779年（安永8）、21歳の時のことだ。

もとは砂田鉄という鶴岡の川人足で、気性が荒く、ある河川工事の時に役人の態度に腹を立て、鳶口《とびぐち》で役人に大怪我をさせてしまう。その懺悔から注連寺に入り、木食行者となった。

入門してからは厳しい山籠修行を積む一方、各地での布教や社会事業にも尽力した。人々の悩みや苦しみに寄り添い、救うことも修行と捉えて、衆生救済に生涯を捧げたのである。

三世（現在・過去・未来）の人々の幸福を祈り続けるため、71歳で入定した。

日本のミイラ（即身仏）

山形
西置賜郡白鷹町

124年の眠りから覚めた光明海上人（藏髙院）

「100年経ったら掘り返してくれ」と遺言し、入定したとされる光明海上人。しかし、入定塚のあった集落が大火で焼失し、100年後に掘り起こされることはなかった。即身仏となった姿をようやく人々が拝めたのは、124年目のことだった。

発掘後、新潟大学できれいに復元された光明海上人。
写真提供／奥野安彦

藏髙院横には湯殿山参りの「道智道」が残る。
写真提供／巖龍山藏髙院

【アクセス】
山形県西置賜郡白鷹町
黒鴨544-1
TEL 0238-85-1131

集落の消滅で忘れ去られ昭和になって念願の発掘

光明海《こうみょうかい》上人については、経歴がほとんどわかっていない。

なぜなら、入定塚の場所にあった集落が消滅してしまったため、墓碑や地元の伝承以外に手がかりが少ないのである。

わかっているのは、江戸時代末期の1854年（嘉永7）に入定したということくらいだ。「100年経ったら掘り返してくれ」と遺言したが、集落がなくなり、忘れ去られていた。

光明海上人の願いが成就し、ようやく掘り起こされたのは、1978年（昭和53）の学術調査で、入定からじつに124年が経過していた。

光明海上人は湯殿山系の真言宗の一世行人だが、入定塚の山下にある曹洞宗の巖龍山藏髙院《がんりゅうざんぞうこういん》に安置されている。

明治維新の変革のなかで入定 鉄竜海上人（南岳《なんがく》寺）

明治維新の波は、即身仏志願者も翻弄した。1880年（明治13）に交付された墳墓発掘禁止令などにより、即身仏の発掘が難しくなったのだ。変革のさなかに亡くなった鉄竜海上人は、どのようにして即身仏となったのか？

全国を巡り衆生済度に努めた鉄竜海上人。
修行山南岳寺に祀られている。
写真提供／奥野安彦

【アクセス】
山形県鶴岡市砂田町3-6
TEL 0235-23-5054

死後に外科的な処理が施された唯一の即身仏

鉄竜海《てつりゅうかい》上人の即身仏の下腹部には、18㎝にわたる傷跡がある。これは発掘を頼まれていた信者たちが、遺体から内臓を取り出し、そこに石灰を詰めて麻糸で縫ったためだとされる。

明治維新後に墳墓発掘禁止令が公布されたため、この時期に入定した鉄竜海上人を即身仏にするには、人目を避けて掘り返し、早急に乾燥させなくてはならなかったのである。

鉄竜海上人は生前に想像を絶するような木食行を続け、そのために体を壊したほどだった。

即身仏になるという強い志を成し遂げさせるためには、必要な処理だったといえる。

信者たちの決死の努力もあり、鉄竜海上人の即身仏は今も多くの人々に拝されている。

日本のミイラ(即身仏)

福島
石川郡浅川町

疫病治癒祈願で薬師入定 弘智法印宥貞(貫秀《かんしゅう》寺)

「我身を留めて薬師如来たらん」という遺言を残し、地上の石棺内で入定した弘智法印宥貞。石棺の一枚石の蓋の上には薬師如来像が座し、薬師如来の名号を唱えながら入定した即身仏である。その背景には恐ろしい疫病と戦う強い覚悟があった。

福島県唯一の即身仏、弘智法印宥貞。
写真提供／浅川印刷所(本稿すべて)

疫病に苦しむ人々のために薬師如来の化身となる

弘智法印宥貞《こうちほういんゆうてい》は多くの即身仏と同じ真言宗の僧侶だが、疫病治癒祈願で薬師入定したほかに例のない即身仏である。

1591年（天正19）に島根県の郷士の家に生まれ、幼少から仏教を信奉した。元服すると「仏道に進みたい」と、断食してまで両親に願ったという。

23歳の時に香川県で出家して宥貞の名をもらい、27歳からは諸国を行脚《あんぎゃ》して湯殿山にも立ち寄った。弘智法印宥貞は湯殿山系即身仏ではないが、湯殿山で触れた衆生救済のための捨身成仏の風習が、彼に強い影響を与えたといわれる。

高野山金剛三昧院《こんごうさんまいいん》で真言密教を修学し、各地を巡ったのち、浅川町《あさかわまち》の小貫東永山観音寺で住職となるが、当時この地ではひ

小貫東永山観音寺が焼失したため、現在は貫秀寺薬師堂の宝仏として安置されている。

曹洞宗金久山貫秀寺。1644年(正保元)頃に開山。

入定石棺。石棺下部に焼炭を敷いて入定した。

『宥貞法印行状記』。観音寺の住職清梅筆の入定由来の巻物。浅川町指定文化財。

【アクセス】
福島県石川郡浅川町大字小貫字宿ノ内63
TEL 0247-36-1183(問い合わせ先:浅川町役場農政商工課)

どい疫病が流行っていた。「我身を留めて薬師如来たらん」。そう遺言すると、弘智法印宥貞は薬師如来に祈願しながら生身入定したという。

入定前はカヤやバラの実などを食し、塩を断っていたそうだ。土中入定ではなく、六角形の石棺の内部をくり抜いた中に入定し、石棺の蓋の上には薬師如来像が置かれた。92歳だった。

地元では疫病から民衆を救おうとした弘智法印宥貞への敬意が絶えることがない。

コラム

弘智法印宥貞が説いた「薬師如来の十二大願」

弘智法印宥貞は入定する前に疫病に苦しむ村人を集め、「薬師如来の十二大願」を説いたという。これは衆生が苦しみから救済されることを願った12の請願で、なかでも7つ目の「除病安楽」は、病気が治癒し延命を願う大願として知られる。

日本のミイラ(即身仏)

新潟
長岡市

現存する日本最古の即身仏 弘智法印(西生寺)

日本で現存する即身仏は、そのほとんどが江戸時代以降に入定している。しかし、海雲山西生寺《さいじょうじ》に祀られている弘智法印だけは、南北朝時代の古い即身仏だ。今から６５０年以上も昔、弘智法印が我が身を残して世を救おうとした信仰とは?

戦国時代に奴兵に槍で胸を突かれ、少し前かがみになったといわれている。
写真提供/奥野安彦

弘智法印の即身仏が安置されている長岡では、空襲の慰霊のために毎年花火大会が行われる。

【アクセス】
新潟県長岡市寺泊野積8996
TEL 0258-75-3441

弥勒信仰により 座禅を組んだまま地上入定

弘智法印は、１３６３年(貞《じょう》治《じ》２)に入定した。現存する日本最古の即身仏である。

日頃から「わしが死んだら遺体を埋葬してはならぬ。このまま世に留めて弥勒《みろく》の下生《げしょう》の暁を待つ」と言っていたと伝わる。座禅を組んだまま地上入定し、その遺言に従って遺体はそのまま祀られた。

これは釈迦没後56億７０００万年に弥勒がこの世に現れ、衆生救済を果たすという弥勒信仰だ。弥勒信仰による入定の数少ない例である。

また、弘智法印は全国伝導の旅で、弘法大師空海が入滅した高野山でも修行したという。高野山にいた時、自身の肉体を残し、乱世の衆生を教化しようと決意したとされている。

日本のミイラ（即身仏）

新潟
東蒲原郡阿賀町

阿賀野川を今も守り続ける全海法師（観音寺）

阿賀町菱潟《ひしがた》の全海堂《ぜんかいどう》に安置されている全海法師は、阿賀野川の難所の改善に一生を捧げた即身仏である。筏乗りだった青年が一世行人となって即身仏を志した背景には、両親と妻子との相次ぐ死別という人生の無常があった。

毎年7月8日の全海堂のご開帳で、
全海法師を拝観できる。
写真提供／奥野安彦

【アクセス】
新潟県東蒲原郡阿賀町豊実甲1779松井山観音寺境内
TEL 0254-52-2228（村上市の長楽寺にて管理）

筏乗りから一世行人になり川の難所改善に尽くす

全海《ぜんかい》法師は１６０２年（慶長7）に生まれ、俗名は長谷川善吉といった。農業と地元を流れる阿賀野《あがの》川の筏《いかだ》乗りを兼ねて暮らしていたという。

しかし、20代の半ばで両親が亡くなり、まもなく妻子とも死別するという相次ぐ不幸が善吉を襲う。人生の無常を感じた善吉は出家。湯殿山の大日坊で長い修行を積み、全海の名をもらって即身仏を志した。

湯殿山での修行を終えて帰郷した全海法師は、当時、いくつもの難所が人々の命を奪っていた阿賀野川の改善に尽くす。自ら鎚《つち》をふるって、難所の岩石を打ち砕き続けたという。

入定の3年前から五穀を断ち、死んだら即身仏として祀るように遺言し、85歳で入定した。

日本のミイラ（即身仏）

新潟
柏崎市

国内で唯一の学問僧の即身仏 秀快上人（真珠院）

妙廣山真珠院の裏山に建てられた秀快上人の入定堂は、弘法大師空海が眠る高野山に向かって建てられている。長谷寺で勉学修行を積んだ秀快上人は、弘法大師空海へ強い尊敬の念を抱き、同じ日に同じ歳で入定を果たした。

石室内入定を果たした学問僧、秀快上人の即身仏。
写真提供／奥野安彦

弘法大師空海の命日に同じ歳で入定を実現する

秀快《しゅうかい》上人は国内で唯一の学問僧の即身仏である。

1718年（享保3）に、真珠院からほど近い北鯖石《きたさばいし》に生まれ、9歳にして真珠院《しんじゅいん》の秀清上人の弟子となった。幼い頃から神童と呼ばれていたという。

のちに奈良にある真言宗の豊山《ぶざん》派総本山長谷寺《はせでら》に留学し、日々の修業に努めた。大学僧にまでなったという。

長谷寺では20年以上も研鑽を積み、30代半ばで帰郷、真珠院の第22世住職となった。

入定しようと決意したのは、50歳になった頃だ。木食行など過酷な修行を10年以上も続け、1780年（安永9）の3月1日、事前に用意しておいた真珠院の裏山の石室に入った。

弥勒菩薩の下生を待つための

真珠院の秀快上人入定堂。1779年(安永8)に建立された。 写真提供／柏崎市立博物館

入定堂の石室。現在も中に秀快上人が安置されている。
写真提供／柏崎市立博物館

【アクセス】
新潟県柏崎市大字西長鳥甲502
TEL 0257-25-3301

入定で、お経を唱え、鈴を打ちならし続けた。心配した信者が度々訪れては石室内の秀快上人に話しかけ、それに応じていたという。

その気配が消えて入定したのは、同月21日、62歳だった。

ところで、この3月21日、62歳での入定は、弘法大師空海と同じなのだ。弘法大師空海に厚い信仰を持っていた秀快上人は、かねてよりこの日に入定したいと願い、強靭な精神力でそれを実現したのである。

Mummy

辛亥革命の難を逃れて渡来した無際大師の即身仏

神奈川県横浜市の曹洞宗大本山總持寺《そうじじ》に安置されている無際大師の即身仏は、790年に91歳で入定した石頭希遷《せきとうきせん》禅師という中国の高僧のものとされる。もともと湖南省の寺に祀られていたが、辛亥革命の際に日本人医師の手で火災の難を逃れて渡来した。

Trivia

中尊寺金色堂に眠る奥州藤原氏4代のミイラ

黄金に輝く仏堂として知られる平泉の中尊寺金色堂。その内陣の須弥壇《しゅみだん》の中には、奥州藤原氏4代のミイラ化した遺体が眠る。奥州の覇者として100年近くもこの地に平和をもたらした一族は、金色堂に何を託したのか？

初代藤原清衡。清原氏を滅ぼし、奥州の支配者となる。

2代藤原基衡。藤原氏の奥州支配をゆるぎないものとする。

3代藤原秀衡。奥州藤原氏の最盛期を築く。

［奥州藤原氏の系図］

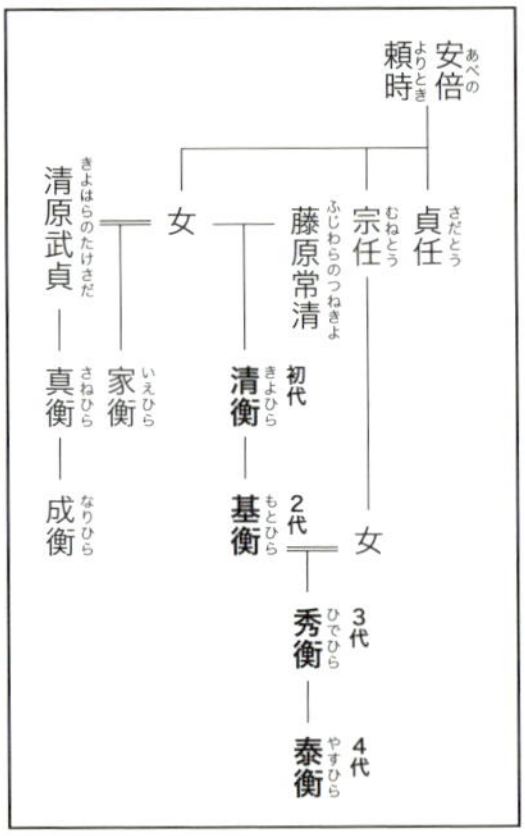

仏国土の建設を目指した奥州藤原氏の栄華と悲劇

中尊寺金色堂の須弥壇の中に安置されているのが、奥州藤原氏4代のミイラ化した遺体だ。

中央の壇に初代清衡、向かって左の壇に2代基衡、右の壇に3代秀衡の遺体と4代泰衡の首級が、それぞれ金色の棺に納められている。

藤原一族は、平安時代後期から平泉を拠点に東北地方に力をふるった豪族である。

当時の奥州は安倍氏や清原氏といった実力者の闘争が長く続いていた。そのため、戦いに終止符を打って支配者となった初代清衡は、戦乱で亡くなった人々の魂を極楽浄土に導き、奥州に平和な仏国土を築こうとしたという。中尊寺金色堂も清衡が上棟したものだ。

しかし、源義経を匿ったこと

4代泰衡の首桶から種が見つかり、800年の時を経て開花した中尊寺ハス。

金色堂内陣の須弥壇は、極楽浄土が表現されている。

金色堂を雨風から守るために建立された中尊寺の金色堂覆堂。写真は新覆堂。

【アクセス】
岩手県西磐井郡平泉町平泉衣関202
TEL 0191-46-2211

[金色堂内部のミイラ配置図]

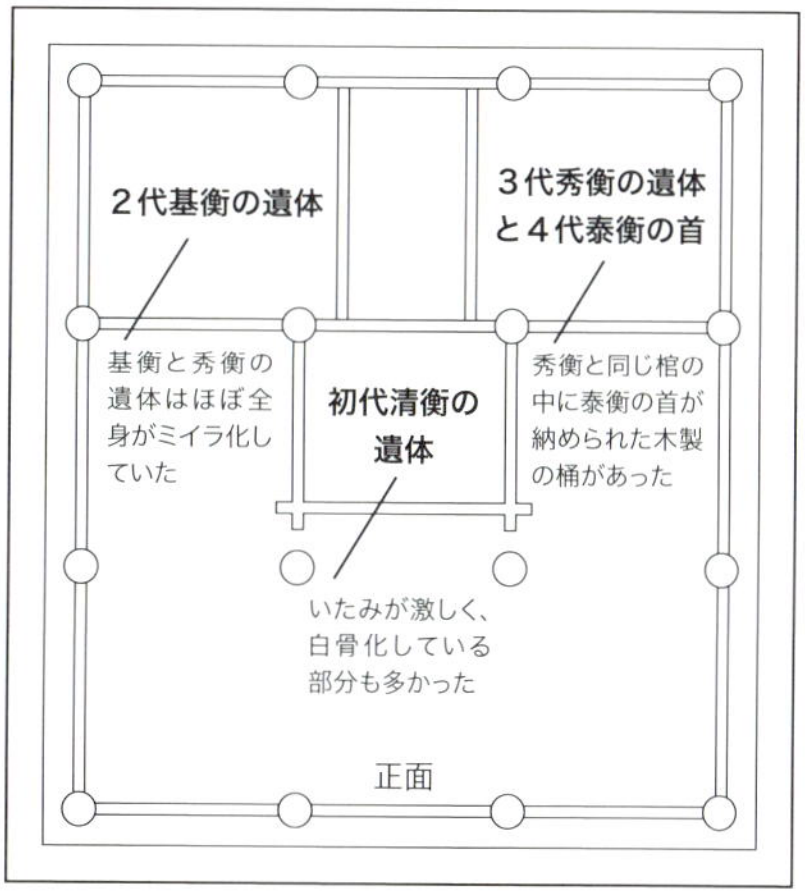

を機に、4代泰衡の時に源頼朝の軍勢に侵攻されて滅亡。泰衡の首は釘打ちにされて晒され、のちに遺族が秘密裡に父・秀衡の棺に納めたとされる。

その証拠に泰衡の首級には、殺された時に受けた刀傷と、眉間から後頭部にかけて八寸釘が貫通した跡が残る。

奥州全体を仏国土にしたいと願った奥州藤原氏。極楽浄土の様子を表現しているという金色堂の須弥壇の下で、4代の遺体は安らかに眠っている。

コラム

奥州藤原氏のミイラは人工ミイラか自然ミイラか

1950年(昭和25)の学術調査で、藤原一族のミイラ化した遺体には内臓を取り出すための切開の跡がないと報告されている。そのため自然ミイラ説が有力だが、何らかの人工的な処理が施されたのではという異論もあり、結論は下されていない。

Mummy Column

Vol.6

大東文化大学教授　宮瀧 交二

「ミイラ取りがミイラになる」は、18世紀後半に日本で生まれた諺。エジプトのミイラなど見たことのない江戸時代の人々が、どうしてミイラのことを知っていたのか?

相手を説得するはずが逆に説得されてしまう…

どなたも一度は、「ミイラ取りがミイラになる」という諺《ことわざ》をお聞きになったことがあると思います。

『広辞苑』には、「人を連れもどしに出かけた者が、そのまま帰って来なくなる。転じて、相手を説得するはずが、逆に相手に説得されてしまう」と記されています。

先日、私が教えている学生たちにこの諺の本来の意味を尋ねてみたところ、「ミイラを取りにピラミッドに入った人が、迷って出られなくなってしまい、自分もミイラになってしまうこと」という内容の回答が圧倒的に多く寄せられました。

改めて調べてみると、大変驚きました。どうやらこの諺は18世紀後半に日本で生まれた諺のようなのです。実際にエジプトのミイラなど見たことのない江戸時代の人々が、どうしてミイラのことを知っていたのでしょうか?

江戸時代の人々に広まった人形浄瑠璃の中のフレーズ

江戸時代中期に活躍した浄瑠璃作者・近松判二〔享保10(1725)年~天明3(1783)年〕らが明和3(1766)年に発表した時代物の人形浄瑠璃『本朝廿四孝《ほんちょうにじゅうしこう》』の中にこのフレーズがありました。

四段目の「景勝上使の段」の中の関兵衛《せきべえ》の台詞に「……如何《どう》やら斯《か》う木乃伊取《みいらとり》が木乃伊になる様な御上使様……」(「本朝

▼**プロフィール**

宮瀧交二　（みやたき・こうじ）

博物館学者。大東文化大学文学部教授。学術博士。埼玉県立博物館主任学芸員を経て現職。大東文化大学のほか東京大学、東京女子大学、早稲田大学等で博物館学を講義。論文「博物館展示の記録化について」（『博物館研究』47-7）により、日本博物館協会・平成25年度棚橋賞を受賞。監修に『元号と日本人――元号の付いた事件・出来事でたどる日本の歴史』（プレジデント社）など。

廿四孝」［松山米太郎他校『浄瑠璃名作集 上』］有朋堂書店、1922年）とあり、『本朝廿四孝』が人気を博したことで、このフレーズが江戸時代の人々の間に広まり、ついには諺にまでなったようです。

そもそも「ミイラ」という呼び名は日本語です（ポルトガル語のMIRRAに由来します）。「ミイラ」は英語ではMUMMYですが、これが中国では「木乃伊」と表記されていたようです。『本朝廿四孝』は、その名のとおり中国の故事である「廿四孝」の日本版の物語ですので、近松らが本作の執筆に際して参照した「廿四孝」に関する中国の文献の中に、「木乃伊取が木乃伊になる」といった類の記述があったのかもしれません。中国で「木乃伊」とは、不老不死の薬を指す言葉でもあったようです。

写真：PIXTA

番外編

世界のミイラ

ここにもいた!? 悲運のミイラたち

本書では世界中のミイラを見て来たが、そんなミイラの中でも特に、本人にしてみれば不本意な形で、あるいは生き物の側から見ればさぞや迷惑だったとしか思えないような、悲運のミイラも存在する。そんなミイラたちにも焦点を当ててみる。

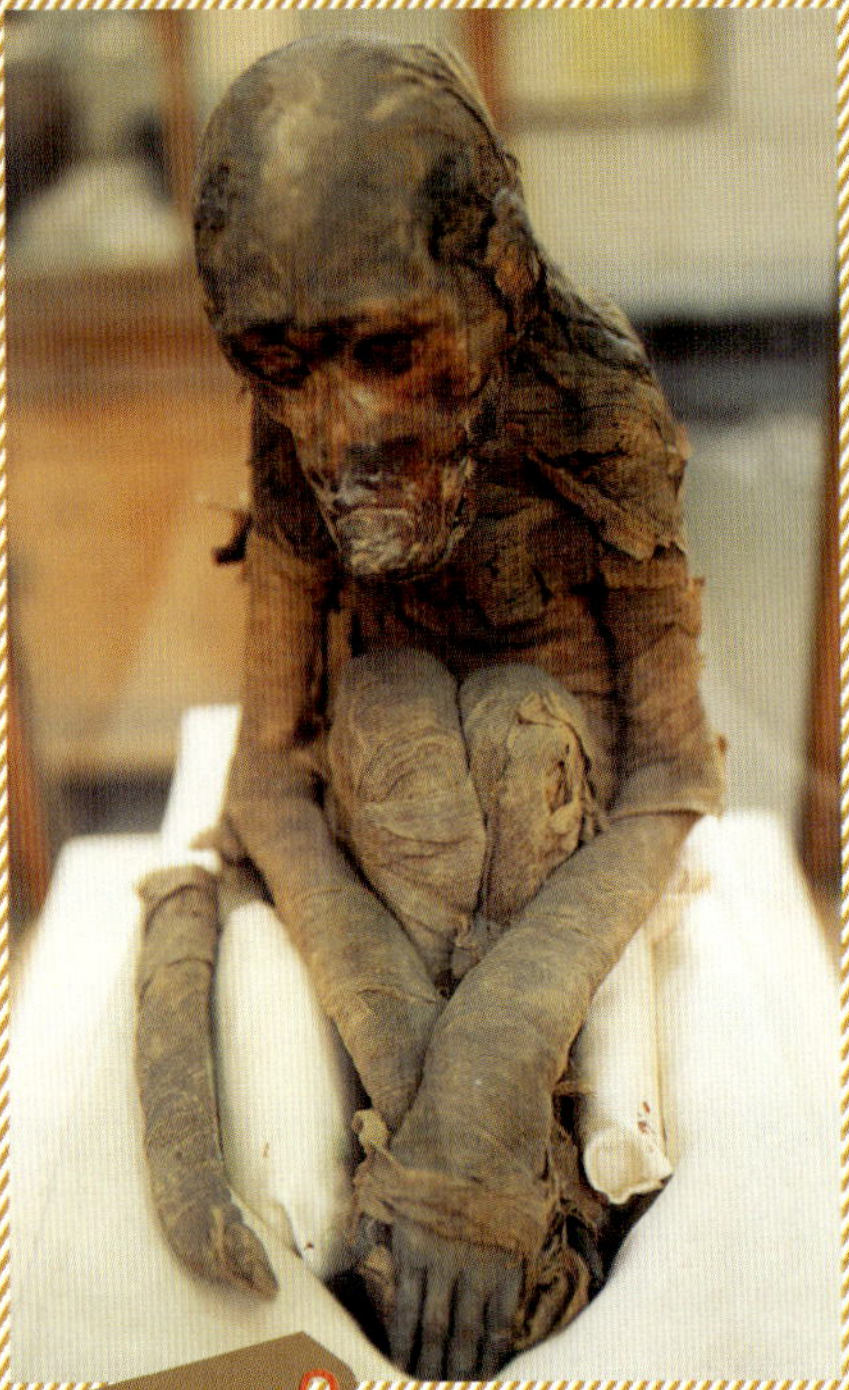

Monkey

古代エジプト新王国時代(紀元前1570-1070年)の猿のミイラ。うつ向き加減のポーズもどこか寂しそうだが、心ならずも王族たちの死後の世界にお供させられたのだろう。

Crocodile

1～2世紀頃に古代エジプトで作成されたワニのミイラ。小さなワニだが詰め物もされ、しっかりとした形でミイラ化されている。

体のみを部分的に包帯で巻かれ、ミイラとされたコウノトリ。古代エジプトでは、死後の世界も現世と同じように鳥が大空を飛んでいると考えられていた。

悲劇の動物ミイラ

1915年にロンドンで発見された、約400年前の猫のミイラ。古い貴族の公邸を壊した時に、レンガの壁の隙間から出てきたという。

ったミイラ

敵の部族を殺害し、その首を狩ってミイラ化する風習は、昔から南米やアジアにある。人間の頭部には霊が宿るとされるため、それが漏れ出して悪さをしないように、目や口が縫い合わされている。

Neck hunting

第2次大戦中のドイツ東部にあるドレスデンでは、連合軍からの爆撃により焼死したり、防空壕の中でそのままミイラ化して亡くなった者も多数いた。

Casualities

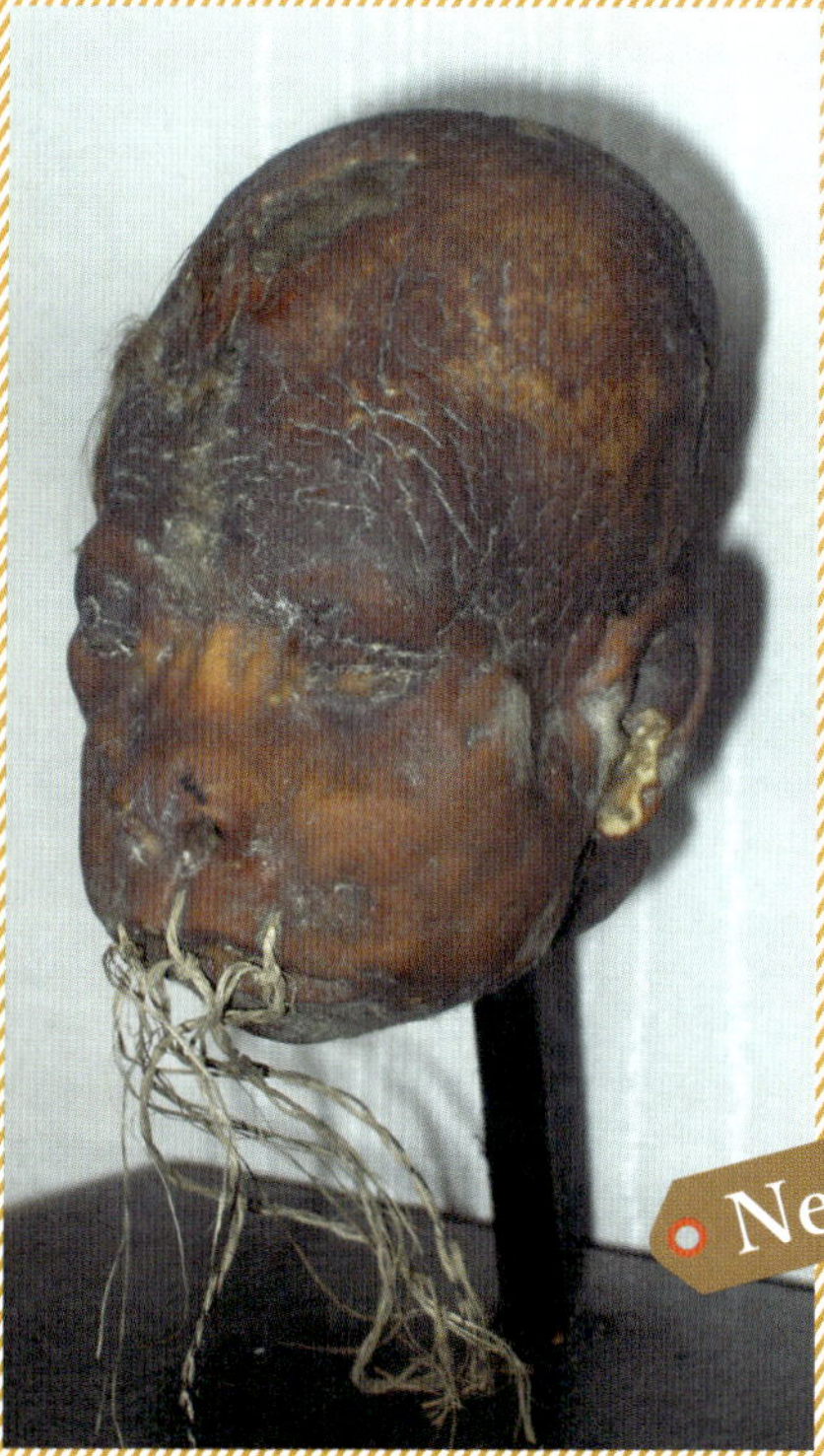

悲劇を被

Neck hunting

首狩りされて残ったミイラ。やはり死者の霊が口から飛び出して悪さをしないようにと、しっかり縫い合わされている。

ドイツのドレスデンの爆撃で、心ならずもミイラと化して亡くなった女性。戦地にいる夫のことや他の家族はどうしているか、考える余裕すらなかったかもしれない。

Casualities

主要参考文献

●「ミイラ事典」
――ジェームズ・パトナム 著（あすなろ書房）

●「ミイラはなぜ魅力的か」
――ヘザー・プリングル 著（早川書房）

●「ビジュアル 王家のミイラ 古代エジプトの死後の世界」
――フランシス・ジャノ 著（日経ナショナルジオグラフィック社）

●「古代中国 ―兵士と馬とミイラが語る王朝の栄華」
――ジャクリーン・ボール／リチャード・リーヴィ 著（BL出版）

●「NHKスペシャル　失われた文明　アンデスミイラ」
――恩田陸／NHK「失われた文明」プロジェクト 著（NHK出版）

●「ミイラの謎（「知の再発見」双書）」
――フランソワーズ・デュナン／ロジェ・リシタンベール 著（創元社）

●「転生者・オンム・セティと古代エジプトの謎」
――ハニー・エル・ゼイニ／キャサリン・ディーズ 著（学研プラス）

●「ミイラの大研究」
――近藤二郎 監修（PHP研究所）

●「古代エジプトの埋葬習慣」
――和田浩一郎 著（ポプラ社）

●「日本のミイラ仏をたずねて」
――土方正志 著（晶文社）

●「新編 日本のミイラ仏をたずねて」
――土方正志 著（天夢人）

●「インカに眠る氷の少女」
――ヨハン・ラインハルト 著（二見書房）

●「ミイラ全身解剖」
――ロザリー・デイヴィッド／リック・アーチボルド 著（講談社）

●「エジプトのミイラ」
――アリキ・ブランデンバーグ 著（あすなろ書房）

●「エジプトのミイラ五〇〇〇年の謎」
――吉村作治 著（講談社）

●「レーニンをミイラにした男」
――イリヤ・ズバルスキー／サミュエル・ハッチンソン 著（文藝春秋）

●「ミイラ：紐解かれた過去」
――ロザリー・デイヴィッド 著（主婦と生活社）

●「アイスマン ―5000年前からきた男」
――デイビッド・ゲッツ 著（金の星社）

●「ミイラ文化誌」
――深作光貞 著（朝日新聞社）

●「ミイラ ―世界の死者儀礼―」
――レオン・デロベール／アンリ・レシュレン 著（六興出版）

●「5000年前の男 ―解明された凍結ミイラの謎」
――コンラート・シュピンドラー 著（文藝春秋）

●「日本・中国ミイラ信仰の研究」
――日本ミイラ研究グループ 編（平凡社）

●「ビジュアル博物館　ミイラ」
――第44巻　ジェームズ・パトナム 著（同朋舎出版）

●「増補 日本のミイラ仏」
――松本昭 著（臨川書店）

●「ミイラ信仰の研究」
――内藤正敏 著（大和書房）

●「日本のミイラ信仰」
――内藤正敏 著（法藏館）

●「日本のミイラ」
――安藤厚生 著（毎日新聞社）

●「日本ミイラの研究」
――日本ミイラ研究グループ編（平凡社）

●「日本の即身仏」
――佐野文哉・内藤正敏 著（光風社書店）

●「出羽三山のミイラ仏」
――戸川安章 著（中央書院）

●「奥州藤原氏の栄光と挫折」
――今東光 著（講談社）

●「奥州藤原氏」
――高橋崇 著（中央公論新社）

●「奥州藤原氏 その光と影」
――高橋富雄 著（吉川弘文館）

●「学研の図鑑 日本の歴史②中世の人々」
――（学習研究社）

著者略歴

ミイラ学プロジェクト

2019年の早春吉日ミイラに魅入られた者たちにより、学問としてさらなる探求研鑽をすべく、自然発生的に設立されたプロジェクト。ミイラを学ぶことは、古今東西の先人たちが遺体を通じて形成してきた、死生観や人生観の核心に近づくことと考える。そしてまた、ミイラ学により人類の埋葬文化の多様性を学ぶことを目的としている。

教養《きょうよう》としてのミイラ図鑑《ずかん》

世界一奇妙《せかいいちきみょう》な「永遠《えいえん》の命《いのち》」

2019年7月30日　初版第１刷発行

著者　ミイラ学《がく》プロジェクト

発行者　小川真輔

発行所　株式会社ベストセラーズ
〒171-0021 東京都豊島区西池袋5-26-19
陸王西池袋ビル４階
電話 03-5926-6262（編集）
電話 03-5926-5322（営業）
http://www.kk-bestsellers.com/

印刷所　錦明印刷

製本所　積信堂

装幀　フロッグキングスタジオ

企画・編集　春燈社

企画協力　アマナ

画像　アマナイメージズ

装幀　フロッグキングスタジオ

本文デザイン・DTP　和田光司（ワダコウジデザイン事務所）

ISBN 978-4-584-13934-9 C0095